N
SURF
APOCA

OW
LYPSE
LATER

Surfers are members of a different race of people from the man in the street.

Nat Young, *champion du monde de surf en 1966*

C 5111

INTRODUCTION

Comme des milliers d'autres surfeurs depuis un demi-siècle, c'est à Malibu que j'ai affronté ma première vague. J'ai vécu cette première rencontre maladroite avec un mur d'écume comme une initiation, un rite de passage dans un monde nouveau. En fait, je faisais mon entrée dans une contre-culture fondée sur une initiation toujours recommencée.

CI-CONTRE : **la houle à l'assaut de Sunset Beach, pendant l'hiver 1974.**

CI-DESSUS : **l'auteur à Porto Rico, alors qu'il couvrait le Championnat du monde de 1968.**

Contre-culture. Selon le dictionnaire, c'est l'ensemble des manifestations culturelles hostiles ou étrangères aux formes de la culture dominante. Je n'allais pas tarder à découvrir que le surf était certes une contre-culture, mais surtout une passion dévorante...

Lorsque j'étais adolescent, j'habitais San Fernando Valley, près de Los Angeles. Je connaissais vaguement deux contre-cultures : les greasers, Chicanos, et les surfeurs. Les premiers avaient des cheveux noirs gominés et l'œil mauvais, les seconds avaient des cheveux blonds filasse et un sourire béat. Ni les uns ni les autres ne se voulaient spécialement attirants ; évidemment, ils l'étaient. Si, au cours de l'été 1962, je n'avais pas cherché à me rendre intéressant auprès d'une fille qui avait envie de faire du surf, je n'aurais sans doute jamais acheté, pour la somme de 50 dollars, ma première planche d'occasion : une Roberts de 9'6 qui s'était cassée exactement en deux, et dont on avait recollé les morceaux. Sans le savoir, j'avais fait un premier pas vers une contre-culture que l'on aurait pu croire rudimentaire et superficielle. Ce jour-là, en fait, lorsque j'ai surfé ma première vague, ma perception des choses a complètement changé.

Après des semaines d'entraînement et d'effort (je n'étais pas sportif de nature), voilà que j'étais debout sur ma planche, doucement poussé par une molle déferlante vers les sables de Malibu, littéralement porté par un sentiment de béatitude absolue. Je ne sais pas quel autre qualificatif employer. J'étais sous le coup d'une jouissance infinie et je me sentais étonnamment vivant ! Je flottais sur les vagues de l'océan. Je surfais !

Plusieurs centaines d'autres surfeurs ont connu leur première expérience en 1962. J'appartiens à la génération du baby-boom, ces hordes d'enfants qui ont envahi les plages dans les années 60, au grand dam des pionniers du surf habitués à avoir la mer pour eux tout seuls et si déçus par cette intrusion que beaucoup ont laissé tomber, ou sont partis à l'aventure aux quatre coins du monde, en quête de plages désertes.

Il se trouve que j'ai rejoint le surf à un moment crucial : le passage d'une activité réservée à un petit nombre d'initiés à un phénomène de mode. C'était une période vraiment extraordinaire. Ce sport était né des milliers d'années plus tôt, créé par une population qui vivait dans un paradis terrestre. Il avait été sorti de l'oubli par un petit groupe de fidèles, *kama'aina* et *haole*, unissant leurs efforts. Au moment où je commençais à m'y intéresser, il était l'objet d'un engouement fabuleux. La plage, jusque-là territoire de quelques marginaux, était soudain noire de monde. Tout ce dont nous avions durement hérité, cette culture si longue à apprivoiser était foulée aux pieds. Le cœur du surf était dévoré à pleines dents.

Cette nouvelle popularité créait de nouvelles pressions. Les vagues qui étaient auparavant offertes en abondance se faisaient plus rares, comme un banquet auquel de trop nombreux invités auraient été conviés. Le surf n'a rien de commun avec le football. On ne peut pas dresser des barrières autour de la plage et décider que seuls les professionnels y sont admis, on ne peut pas faire payer 100 dollars pour surfer 18 vagues. Pas encore ! Les surfeurs, quels que soient leur âge, leur taille, leur niveau ou leur philosophie du surf, doivent se partager les mêmes vagues.

Un tube parfait : objet de la convoitise des surfeurs.

À DROITE : **Drew Campion dans les bureaux de *Surfer*, en 1969.**

Il régnait alors à Malibu une certaine pagaille. Les fanatiques de la première heure (Mickey Dora, Dewey Weber, Lance Carson, « Tubesteak » Tracey, « Cowboy » Henderson, Johnny Fain et une dizaine d'autres) répondaient toujours présents lorsque la houle était propice. Ensuite venaient les débutants, comme moi. Arriver à prendre de bonnes vagues sur l'un des meilleurs spots de la côte californienne relevait du coup de chance. Pendant deux ans, je ne me suis pas senti très à l'aise.

Réduit aux vagues qu'on voulait bien me laisser, j'étais bercé par la musique des Beach Boys et entraîné dans le tourbillon des films de l'époque sur le surf, visions ésotériques des pionniers ou succès commerciaux d'Hollywood, qui n'avaient d'ailleurs aucun rapport avec ce que je connaissais de cette activité. Séduit par la douceur et la perfection des vagues californiennes estivales, je m'abandonnais à la rêverie poétique.

Par un bel après-midi d'été, j'ai fait la queue devant un cinéma, au milieu de la foule. L'affiche, au fronton du Santa Monica Civic Auditorium, annonçait *The Endless Summer*. Et au moment où Terrence conduisait Mike Hynson et Robert August à travers les dunes du cap Saint-Francis, révélant les vagues les plus admirables que j'aie jamais vues, je me suis senti, je l'admets, rongé par l'envie, pressé d'admirer à mon tour les merveilles de Bruce. J'étais définitivement « stoked », accro à tout jamais.

Même aujourd'hui, après 35 ans de pratique, l'odeur tiède du néoprène et le parfum d'une barre de wax constituent la seule aromathérapie à laquelle je sois sensible. Je suis toujours aussi accro...

Le surf a énormément changé depuis l'époque de ma première vague. Des millions de gens se sont mis à pratiquer ce sport dans le monde entier, pour la plupart sur des spots inconnus des surfeurs au début des années 60. Pendant ces 35 ans et plus, les planches de surf ont évolué progressivement ; on sait le rôle que joue le matériel dans ce domaine. Le niveau des performances a crevé le plafond. Les contorsions acrobatiques des surfeurs contemporains auraient été inimaginables en 1960, encore plus au début du XXe siècle. Aujourd'hui, les surfeurs passent presque plus de temps dans les airs que sur l'eau. Les vagues surfées sont de plus en plus grosses. À tous égards, le surf est devenu un sport extrême, qui en entraîne d'autres dans son sillage.

En même temps, la présence du passé reste évidente. Le *wiliwili* des anciens pousse à son rythme ; quand on découpe le tronc pour fabriquer une planche de surf, les anneaux concentriques sont tous là, de la première année à la dernière. Pour le surf, c'est pareil. On s'en aperçoit facilement en regardant l'océan ou la plage – longboards et shortboards, gamins et seniors, cheveux longs et crânes rasés, classicisme des années 30 et figures audacieuses des années 90.

En ramant vers le large, certains emportent avec eux une vive conscience de l'histoire du surf. Ils ont le sens du temps qui passe, de la beauté élémentaire de cette rencontre avec la nature. Ils savent qu'ils se trouvent au sommet d'une échelle construite par l'effort de générations successives, mais que l'essentiel reste le même pour tous : l'homme et la vague.

Pour d'autres, le surf est un sport qu'il faut pratiquer parce que c'est comme ça, parce que les copains le font. C'est super-délire, c'est géant (de mon temps, on disait sensass), ça permet d'oublier l'école ou le boulot. Le surf est une évasion, une façon de jouir du moment présent.

Heureusement, ce sport magique autorise toutes les interprétations. Il est ce que chacun décide d'en faire. Et les possibilités sont infinies. Chaque vague nouvelle est comme la page blanche d'un carnet de croquis, l'occasion d'une sublime œuvre d'art ou du plus infâme gribouillis. La culture qui s'est lentement accumulée autour du simple fait de surfer une vague est un phénomène unique et étrangement puissant. C'est une contre-culture qui se nourrit des expériences et des révélations surgies de la mer, dont l'influence sur le monde extérieur est énorme.

Le surf a quelque chose du cheval de Troie. Son apparence extérieure – l'énergie et l'érotisme qu'il implique (la planche est un symbole phallique évident) – lui assure séduction et charisme. Tout le monde en veut sa part. Mais en même temps, il comporte d'antiques éléments ésotériques et, lorsque ceux-ci se trouvent lâchés dans la culture dominante, tout peut arriver. Lentement, les choses changent. La très ancienne graine venue de Polynésie fait son chemin à travers l'âme rigide des peuples du Nord et brusquement, bing, ils se retrouvent prisonniers d'un enchantement !

Ce livre s'adresse aux surfeurs, pour leur rappeler ce que nous sommes et d'où nous venons, et combien est fondamentale cette relation intime avec la vague. Pour les autres, ceux dont le grand Phil Edwards disait qu'ils étaient « hors du coup », ce livre entend ouvrir une fenêtre sur un monde sans frontières, un monde d'une puissance indomptable, qui insuffle à ses adeptes l'envie de repousser constamment leurs limites pour connaître une ivresse de plus en plus forte.

Drew Kampion, *Whidbey Island,* État de Washington, 1er juin 1997

L'essence du surf

Le principe du surf est simple : il s'agit de glisser sur une vague avec une planche. En réalité, surfer sur l'océan demande une extraordinaire conjonction de forces ; c'est un art extrêmement complexe. Pourtant, si l'on évoque la relation intime entre l'homme et la nature, le surf est d'une évidence limpide. C'est une métaphore de la vie comme il en existe peu. La vie est une vague. Albert Einstein lui-même l'a dit.

Dans le monde de la matière, tout se manifeste par des ondes. Mais si la mécanique ondulatoire module toutes les phases de notre existence, elle n'est jamais plus clairement apparente que lorsque l'homme se trouve face à la mer. Surfer une vague est la représentation la plus symbolique de cette relation entre l'homme et les rythmes cosmiques. La pureté absolue de cette rencontre explique la puissance de séduction quasi universelle du surf.

Essence de la perfection : le surfeur est prêt à s'engager dans un tube immaculé. Burleigh Head, à Queensland, en Australie.

CI-DESSUS : Kevin Naughton trouve enfin ce qu'il cherche, au large de Tavarua, dans les îles Fidji.

LES ORIGINES

« Quitte les vêtements qui te sont une gêne sous ces aimables climats. Va te battre avec la mer ; attache à tes talons les ailes de l'audace et de la force qui résident en toi, affronte les brisants, maîtrise-les et chevauche leur cime comme il convient à un roi. » (Jack London, *La Croisière du Snark*, 1911)

Ils arrivèrent du sud, en pagayant sur leurs bateaux de voyage, de grands catamarans équipés de voiles grossières faites d'écorce tissée. Ils avaient pris avec eux femmes et enfants, et autant de vivres que les embarcations pouvaient en contenir. Ils avaient ramé vers le nord, quittant leur Polynésie natale pour s'engager dans l'immensité de l'océan sans savoir très bien où ils allaient ni ce qu'ils allaient trouver. Alors que leurs espoirs s'amenuisaient et qu'ils songeaient à faire demi-tour, raconte la légende, un grand requin blanc surgit devant eux pour leur montrer la route à suivre.

Les Tahitiens, des navigateurs extrêmement doués, se repéraient d'après les étoiles et les nuages, en étudiant les courbes que dessinaient les vents et les courants à la surface de la mer. Un observateur attentif était capable de déceler les mouvements de la houle contre un rivage lointain, et c'est ainsi que ces intrépides voyageurs découvrirent une nouvelle terre. Cette première flottille, épuisée mais résolue, accosta sur l'extrême pointe méridionale de l'archipel d'Hawaii, les îles du bout du monde.

Le rapport des Polynésiens à la mer n'a rien de commun avec ce que ressentent des Européens. Pour les habitants des îles, l'océan a toujours été synonyme de vie, d'espoir et de liberté, comme le prouve la photo de ce surfeur solitaire, prise à Waikiki dans les années 1890. Dix ans plus tard, la maladie, le christianisme et l'industrialisation sont venus à bout de la culture hawaïenne et du surf traditionnel.

CI-CONTRE : **la passion du surf est déjà présente dans l'art rupestre des îles Hawaii.**

SURFER AU PARADIS

Si le surf existe depuis la nuit des temps, personne ne sait où, quand et comment il a commencé. Il est probable que les premiers hommes qui ont eu l'occasion de se trouver sur un bateau au milieu des vagues se sont rendu compte qu'elles pouvaient aider ou contrarier leur course. La réponse est sans doute enfouie dans la carte génétique des populations côtières de l'Afrique occidentale ou du Pérou, qui révéraient comme des dieux les arcs-en-ciel et les vagues de l'océan. Ce culte de la mer se retrouve aussi profondément enraciné dans la civilisation des îles Hawaii.

Olo et Alaia

La construction de la planche de surf était un moment très important. Il existait deux sortes de planches, le *olo,* réservé aux chefs et fabriqué avec le bois du *wiliwili*, et le *alaia,* utilisé par les gens du peuple et fabriqué en bois de *koa*. Un certain nombre de rites accompagnait la fabrication des planches. Lorsqu'un arbre avait été choisi, les indigènes accrochaient au tronc un poisson *kuma* en guise d'offrande et récitaient des prières avant l'abattage. On découpait grossièrement la planche à l'aide d'un silex taillé et on la transportait jusqu'au lieu de fabrication, où elle devait être définitivement mise en forme à l'aide d'outils de pierre et de corail. D'autres cérémonies étaient prévues pour consacrer la planche avant son utilisation.

Les îles Hawaii sont à l'image du paradis terrestre. Dressées au cœur des plages de sable blanc bordées d'une mer tiède aux reflets de turquoise, ces îles volcaniques sublimes, impressionnantes, symboles de la perfection, étaient désertes jusqu'à l'arrivée des premiers colons venus du sud. Les sommets vertigineux, les grandes formations rocheuses monolithiques, les cratères béants et le bruit incessant de la mer frappant les récifs, le souffle des vents, des ouragans et des tempêtes participent étroitement de la mythologie du surf.

Le surf se pratiquait à travers le Pacifique Sud bien avant l'arrivée des Européens, mais nulle part le phénomène n'a pris autant d'importance que dans les îles Hawaii. Cela est dû, sans doute, à la quantité et à la qualité des vagues qui frappent l'archipel, situé au centre de la plus vaste étendue d'eau de la planète, point de rencontre de houles accourant des quatre points cardinaux. Les îles Hawaii semblent littéralement créées pour le surf !

Peut-être les Polynésiens venus du fond des mers étaient-ils des surfeurs en quête de ce chapelet d'îles dont la légende disait qu'elles offraient des vagues parfaites. Profondément ancrée dans les valeurs anciennes de la Polynésie, cette nouvelle civilisation s'adapta vite à son environnement, notamment en inventant des façons originales de jouer avec l'océan. De cette époque date la première culture surf…

« Glisser sur les vagues est l'un des sports favoris des Hawaïens », note Thomas G. Thrum dans son *Hawaiian Almanac and Annual* de 1896, l'une des plus précieuses sources d'information que nous possédons sur le sujet. Chefs, hommes, femmes et enfants, tous pratiquaient ce sport, et abandonnaient leurs tâches quotidiennes dès que s'annonçaient de bonnes vagues. La famille royale elle-même adorait glisser sur l'eau, et réservait les meilleurs « spots » à son usage exclusif.

Les légendes des îles Hawaii évoquent souvent la merveilleuse aventure du surf. Les premiers témoins européens ont tenté de fixer les prouesses des indigènes dans des dessins naïfs.

CI-CONTRE : **les planches de surf, considérées comme des biens précieux, étaient soigneusement entretenues.**

Les Hawaïens étaient très attachés à ces jeux aquatiques et au vaste océan qui les entourait. Ils disposaient pour nommer les vagues et les brisants d'autant de mots que les Esquimaux pour décrire la neige. Pendant les périodes de calme plat, ils frappaient rituellement la mer avec des algues en psalmodiant pour invoquer la houle.

Dans la seconde moitié du XVIIIe siècle, avant l'arrivée des Européens, les Hawaïens étaient indiscutablement des experts du surf. Les planches qu'ils construisaient révèlent une profonde connaissance de la mer autant que l'envie de tirer de cette activité le plus grand plaisir possible. Comme les anneaux concentriques du tronc d'arbre, les diverses strates de la culture surf s'accumulent pour conduire au sport que nous connaissons aujourd'hui. Les précieuses planches anciennes que l'on peut encore admirer au Bishop Museum d'Honolulu ne donnent qu'un très vague aperçu de ce qui a pu se passer dans ce domaine, avant que le capitaine Cook et les vaisseaux de Sa Très Gracieuse Majesté, le *Resolution* et le *Discovery*, accostent sur l'archipel en 1778.

Le capitaine Cook

La première île aperçue par le capitaine James Cook et l'équipage du *Resolution,* à l'aube du 18 janvier 1778, était Oahu. Peu après, ils découvraient Kauai et Niihau. Ils naviguaient au nord-ouest de l'archipel, cherchant à repérer des îles au milieu du Pacifique dans l'espoir d'y attendre l'été pour repartir vers le continent nord-américain et découvrir un passage vers l'Atlantique. Lorsque quelques indigènes à la peau brune montèrent dans leurs canoës pour voir de plus près à quoi ressemblaient ces étranges oiseaux de mer, Cook fut étonné et ravi de reconnaître des sonorités qui lui étaient familières depuis qu'il avait découvert les îles de la Société. Au printemps suivant, après avoir visité Kauai et Niihau, Cook fit voile vers le nord et finit par atteindre le détroit de Béring, où ses trois-mâts furent arrêtés par un étincelant mur de glace. Il décida donc de retourner passer l'hiver sur l'archipel, qu'il avait baptisé « îles Sandwich », en hommage au lord amiral de sa flotte. Arrivant par l'est cette fois, il accosta à Mauai. Lorsque les indigènes se précipitèrent à sa rencontre, ils étaient infectés par les maladies vénériennes apportées par les explorateurs du précédent voyage.

Quittant Mauai, les deux vaisseaux firent pratiquement le tour de la Grande Île avant de pénétrer dans la baie de Kealakekua. À Tahiti, Cook avait admiré les évolutions d'un habitant de l'île surfant sur la crête des vagues dans son canoë. « Je ne pouvais m'empêcher de penser que cet homme devait ressentir un plaisir infini à glisser si vite et si régulièrement sur l'eau. » Mais ces prémices mêmes n'avaient pas préparé Cook et ses hommes d'équipage à la surprise qui les attendait à Hawaii lors de leur troisième expédition pour la Couronne britannique : voir les indigènes surfer sur leurs planches en bois parmi les vagues devait donner l'impression de rencontrer des extraterrestres.

Bien que la pratique du surf ait été courante dans toute la Polynésie à cette époque, seules les îles Hawaii disposaient de vagues aussi belles et d'athlètes aussi habiles.

Les Hawaïens accueillent les voiliers de Cook. Un surfeur est allongé sur sa planche, en bas.

LES ANNÉES SOMBRES

L'arrivée de l'homme blanc s'accompagnait d'un certain nombre de nouveautés : le métal (les indigènes échangeaient volontiers un porc contre un clou), les armes à feu, les maladies vénériennes, l'alcool et le christianisme. La boîte de Pandore était ouverte : pour les Hawaïens commençait un siècle de chaos.

Les conquistadors, les explorateurs, les aventuriers, les soldats, les marchands et autres qui couraient le monde entre 1450 et 1800 pour faire fortune, soumettre les corps ou sauver les âmes brandissaient une épée à deux tranchants destinée à servir leurs seuls intérêts. Le premier tranchant, la maladie, était invisible. Le second était la religion de l'homme blanc.

Dans les îles Hawaii, demeurées loin de tout, la vie restait simple. Ces gens connaissaient 50 mots pour désigner les patates douces, mais le mot rougeole n'existait pas ; une dizaine de mots pour parler des relations sexuelles, mais aucun pour les maladies vénériennes. Après le passage de Cook, 400 000 personnes sont mortes, victimes des virus et des bactéries importés par les Blancs. En 1890, la population hawaïenne était réduite à quelque trente ou quarante mille âmes, dont la plupart en état de choc culturel. La disparition du surf allait de pair avec la débâcle de l'ordre ancien.

Quelques vestiges de la culture surf existaient encore lorsque les missionnaires protestants arrivèrent sur l'archipel au début du XIXe siècle. Ils s'empressèrent de museler la nature exubérante des autochtones, les obligeant à se vêtir de façon humble et à parler une nouvelle langue, leur interdirent les relations sexuelles hors mariage, les jeux de hasard et les plaisirs aquatiques. Les corollaires du surf tels que nudité, sensualité, exubérance, convivialité, bonheur et liberté cadraient mal avec les objectifs des pères de l'Église qui, curieusement, finirent par posséder la plupart des terres de l'archipel.

Selon Mark Twain, qui visita les îles Sandwich au milieu des années 1860 pour le *Sacramento Daily Union*, les missionnaires se montraient ignorants de la nature humaine et des comportements naturels de l'homme. Il publiera plus tard un récit de ses voyages, *À la dure* (1872), qui aura notamment pour résultat de faire connaître le surf à un grand nombre d'Américains.

Plus le christianisme progresse, plus la culture hawaïenne s'étiole. Vers le milieu du XIXe siècle, la combinaison de l'éducation protestante, de la rationalisation intensive de l'économie et de la diminution de la population a réduit la pratique du surf au rang de curiosité locale.

Si quelques rares fidèles ne s'étaient pas acharnés à pratiquer ce sport envers et contre tout, il aurait disparu avant la fin du XIXe siècle.

LA RENAISSANCE

Au tournant du XIXe siècle, les îles deviennent territoire des États-Unis. La population indigène est décimée, les survivants sont presque tous convertis à la religion chrétienne et la pratique du surf existe à peine. Un quart de la population hawaïenne habite Honolulu, sur l'île d'Oahu. C'est là que les derniers surfeurs se rassemblent, sur quelques spots de la plage de Waikiki.

Parlez-vous hawaïen ?

Aloha : littéralement alo signifie expérience et ha souffle de vie. Le mot s'emploie en guise de bonjour ou d'au revoir, ou exprimer amour, compassion, pardon.

Haole : l'arrivée des hommes blancs et le fait qu'ils se serraient la main pour se saluer en silence ont amené à la création du mot ha-ole, sans souffle de vie, c'est-à-dire étranger.

He'e nalu : surf, surfer ou surfeur

He 'ó 'la ka mea háwáwá i ka he'e nalu : le surfeur inexpérimenté perd l'équilibre !

Kaha nalu he'e umauma : bodysurf

Kahuna : prêtre, sorcier. Le kahuna récite des prières pour faire tomber la pluie, obtenir de bonnes récoltes, guérir les maladies. Il chasse les esprits malins et prévoit le temps qu'il va faire.

Kai emi, nalu miki : reflux

Kai pi'i, nalu pū : grosse vague

Kai po'i, nalu ha'i : brisant

Malu : vague, océan, ressac

Malu ha'i iala : vague déferlant en diagonale

Malunalu : lame de fond

Pae : prendre une vague

Pae i ka nalu : se laisser porter vers le rivage

Papa-he-nalu : planche de surf

Vahiné : femme, surfeuse

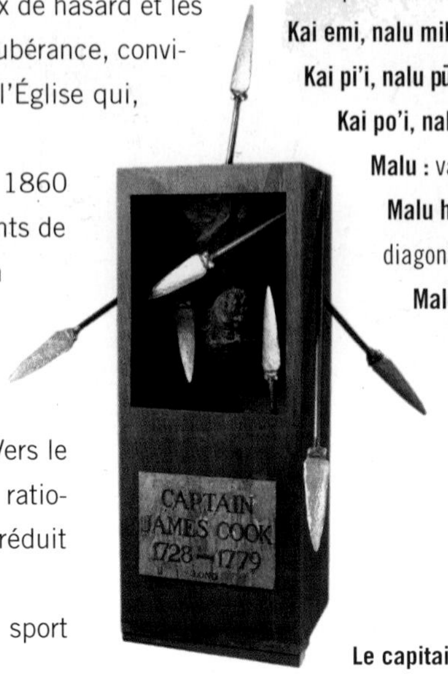

Le capitaine Cook et ses hommes n'hésitaient pas à tirer sur un indigène lorsqu'ils le croyaient coupable d'indiscrétion ou de vol. Leur présence fut rapidement ressentie comme une intrusion et Cook fut tué au cours d'une émeute, dans la baie de Kealakekua, sur l'île d'Hawaii, le dimanche 14 février 1779. C'est en son honneur que Craig Stecyk a réalisé cette sculpture surréaliste : *Hommage au capitaine Cook.*

A TRIP TO
HAWAII
1897

HONOLULU
Tourists' Guide & Handbook
compliments of
PLEASANTON HOTEL

De plus en plus de *haoles* arrivent du continent pour s'installer sur l'archipel ou y passer des vacances ; leur attention est vite attirée par les surfeurs. Lorsque Jack London et sa femme Charmian débarquent dans les îles en 1907, les touristes sont de plus en plus nombreux à apprécier la douceur du climat et la somptuosité des paysages. Le roi du roman d'aventures, qui vient d'écrire coup sur coup une série de livres à succès et que tous les journaux s'arrachent, est au faîte de la célébrité. Lorsqu'il voit deux surfeurs hawaïens se livrer à leur sport favori sur les vagues de Waikiki, il comprend immédiatement la matière qu'il peut en tirer.

La description enthousiaste de London, publiée dans le numéro d'octobre 1907 de la revue *A Woman's Home Companion*, comporte un témoignage personnel : « J'ai essayé moi-même pendant une bonne heure, mais je n'ai pas réussi à persuader une seule vague de me conduire jusqu'au rivage ! »

Au début du XXe siècle, Hawaii attirait des voyageurs fortunés qui s'extasiaient sur les évolutions nautiques des indigènes. Malgré la mise en garde de Mark Twain, qui pensait que seuls les autochtones étaient capable de surfer, Jack London (CI-CONTRE avec sa femme, Charmian) s'y essaya sur la plage de Waikiki (CI-DESSUS, vers 1910) et fit un compte rendu enthousiaste de son expérience, devenue inséparable de ce cadre enchanteur.

La même année, l'écrivain fait la connaissance de deux personnalités bien différentes : l'homme d'affaires Alexander Hume Ford et un athlète local, George Freeth. Cette rencontre est déterminante puisqu'elle marque le début de la renaissance du surf.

Encouragé par les fréquents séjours de London et par son intérêt pour le surf, Ford décide de créer la première institution officiellement chargée de promouvoir ce sport, le Outrigger Canoe & Surfboard Club. Les hôtels de luxe se multiplient sur le front de mer ; les emplacements disponibles pour les rassemblements de surfeurs et le stockage des planches diminuent. Hume s'assure un bail de location de vingt ans sur un petit terrain en bordure de mer et construit une paillote, la première du genre.

Trois ans après la création du Outrigger Club, un autre groupe de surfeurs, de nageurs et de rameurs fonde le *Hui Nalu* (surfer ensemble), un club de surf dont les membres sont pour l'essentiel Hawaïens. Le Outrigger Club comporte presque uniquement des *haoles* et les deux groupes s'affrontent souvent en compétition amicale.

La fondation du Outrigger Club et la publicité qui s'ensuit galvanisent les sports nautiques. En 1911, les observateurs remarquent qu'on commence à manquer de place sur les vagues de Waikiki. Lorsque Jack et Charmian London reviennent en 1915, le Outrigger Club compte près de 1 200 membres, pour ne rien dire des centaines d'autres qui sont inscrits sur les listes d'attente et des 800 mètres de racks pour les planches. Le surf est la folie du moment. Pendant ce temps, une autre graine est prête à fleurir... en Californie.

Au tout début du XXe siècle, George Freeth, moitié Hawaïen moitié Irlandais, est le meilleur surfeur de Waikiki (donc du monde). Henry E. Huntington, un industriel de Washington, a entendu parler des talents de ce jeune homme de 23 ans ; au cours de l'été 1907, il l'invite en Californie pour l'inauguration de la nouvelle liaison ferroviaire Los Angeles-Rodondo Beach et du plongeoir géant installé sur la plage. Freeth est engagé pour faire une démonstration des sports pratiqués à Hawaii, surf compris. L'événement bénéficie d'une énorme publicité et des milliers de curieux se précipitent pour admirer les évolutions du jeune surfeur sur les vagues de South Bay.

La démonstration de Freeth sur le continent, appuyée par l'article de Jack London, survient à un moment où les Californiens du Sud, grâce à la mobilité accrue que leur apportent l'automobile et le train, se précipitent sur les plages, conscients des extraordinaires possibilités de loisirs qui s'offrent ainsi à deux pas de chez eux. Heureusement pour le surf, la coïncidence attire l'attention du public sur ce sport et pose les jalons d'un renouveau.

LA NAISSANCE DU SURF MODERNE

Devant l'afflux des touristes étrangers accourus sur l'archipel, les camarades de Freeth ne tardent pas à être recrutés pour inculquer aux nouveaux venus les rudiments de la connaissance des vagues et du surf. L'un de ces « beachboys » se nomme Duke Kahanamoku. Né en 1890, il devient très tôt un athlète complet et un surfeur accompli.

La plage de Waikiki a été l'épicentre de la renaissance du surf. Le *Outrigger Canoe and Surfboard Club* (À GAUCHE) **est fondé en 1907 par Alexander Hume Ford. C'est George Freeth** (CI-DESSUS), **beachboy à Waikiki, qui, la même année, a introduit le surf en Californie du Sud. En 1885, trois jeunes princes hawaïens** (EN BAS À GAUCHE) **surfaient déjà, sur leurs planches de séquoia, à l'embouchure du fleuve San Lorenzo, en Californie du Nord.**

Dans les années 1910, le surf connut un vif succès et des dizaines de surfeurs envahirent les plages. Ici, Duke Kahanamoku, médaille d'or de natation aux Jeux olympiques, sur l'affiche du carnaval de 1914 à Honolulu. Poser devant une planche était de rigueur pour la photo souvenir. Le nombre de moniteurs de plage (beachboys) augmentait au même rythme que celui des touristes. Un modèle de planche plus large, mis à l'honneur par Duke (CI-DESSUS au premier rang, quatrième à partir de la droite), permettait de surfer en tandem si bien qu'un beachboy pouvait facilement initier à ce sport un client haole, voire une jolie cliente.

Le Duke à Freshwater

En décembre 1914, Duke Kahanamoku fut invité en Australie par la New South Wales Swimming Association. Après avoir battu, à Sydney, son propre record du monde du 100 mètres nage libre (53,8 secondes), le champion olympique entreprit d'inculquer à ses hôtes l'art de marcher sur l'eau. Ce sport passionna les Australiens, qui venaient de conquérir le droit de se baigner de jour dans l'océan.

Le 23 décembre 1914, les vagues étaient au rendez-vous et le Duke fit une démonstration aux foules rassemblées à Freshwater (aujourd'hui Harbord), au nord de Manly Beach, près de Sydney.

Le champion basané aux cheveux de jais et aux grands pieds surfa pendant près de trois heures d'affilée, montrant aux Australiens tout ce qu'il savait faire, y compris le traditionnel poirier. La liesse fut à son comble lorsqu'il surfa en tandem avec une charmante jeune fille, Isabel Letham.

La graine était semée et les Australiens allaient s'engager dans une forme très particulière de la culture surf, encadrés pendant des années par des maîtres nageurs façon garde-chiourmes.

À Freshwater, Duke surfa des heures, touchant presque à chaque fois le rivage debout. La planche qu'il avait fabriquée pour la circonstance lui fut livrée en calèche jusqu'à la plage.

On s'accorde aujourd'hui à reconnaître en Duke le père du surf moderne. Le Duke n'était pas seulement un surfeur. C'était aussi un nageur hors pair. En 1912, littéralement propulsé par ses énormes pieds (il chaussait du 46), il gagne la médaille d'or du 100 mètres nage libre aux Jeux olympiques de Stockholm, grâce à son célèbre « Kahanamoku kick ».

Reçu comme un souverain, il se produit en Europe et aux États-Unis, ce qui lui vaut des surnoms admiratifs : le poisson humain ou l'Apollon de bronze de Waikiki. En même temps, il initie au surf les foules de la côte Est et des plages de Californie, d'Atlantic City comme de Corona del Mar. Son passage renforce l'impression produite par Freeth quelques années plus tôt et les résultats ne se font pas attendre. Le Duke suscite de nouvelles vocations de surfeurs partout où il passe.

Avec ses traits altiers et sa grâce naturelle, il ne pouvait pas échapper à Hollywood, capitale du cinéma. Il décroche des seconds rôles dans sept films, passant du chef indien au prince arabe. Pour incarner un Polynésien, il lui faut attendre *Le Réveil de la sorcière rouge* en 1948, aux côtés d'un autre Duke célèbre : John Wayne. Il a marqué de sa personnalité chacune de ses apparitions à l'écran, mais son plus grand titre de gloire, sans aucun doute, est d'avoir été l'ambassadeur du sport préféré des rois d'Hawaii.

La célébrité de Duke Kahanamoku, devenu le symbole universel du surf et de l'esprit *aloha*, lui a permis de côtoyer les plus grandes stars (ici John Wayne, pendant le tournage du *Réveil de la sorcière rouge*, en 1948).

EN HAUT : **une carte postale de l'époque illustre les joies du surf.**

Qu'est-ce que la culture surf ?

Les observateurs du début du XXe siècle, sensibles à la beauté du surf, tels Mark Twain et Jack London, trouvaient à ce passe-temps attrait et noblesse. Pour les missionnaires calvinistes de l'époque victorienne, il restait associé au paganisme et à l'immoralité. Il est frappant de constater que ces deux jugements opposés ont continué longtemps à se partager l'opinion.

Comme en Polynésie autrefois, la pratique du surf comporte des rites de passage, grâce auxquels les surfeurs peuvent accéder à différents niveaux de reconnaissance sociale. La culture surf possède une longue et riche histoire, comme un système de rituels, de langage et de symboles qui accompagnent une forme assez souple de hiérarchie tribale et un style de vie très particulier, largement répandu et imité dans le monde entier.

« Jeux hawaïens » : vision romantique d'un paradis polynésien peuplé de naïades surfant sur les flots.
CI-DESSUS : deux siècles plus tard, Tom Morey fait une démonstration à Bali.

Le Hollow Board de Tom Blake

Bon surfeur et excellent rameur, Tom Blake cherchait à mettre au point une planche plus rapide ; il s'intéressa à un *olo* ancien modèle exposé au Bishop Museum d'Honolulu. Au cours de ses expériences, il eut l'idée de percer d'une centaine de trous une lourde planche de 90 kilos et de la recouvrir de contreplaqué.

Les camarades de Blake se moquèrent de lui et de sa planche géante, qu'ils qualifièrent aussitôt de « cigare flottant ». Mais le Duke l'essaya à son tour et trouva l'idée géniale. Blake emporta sa planche en Californie et gagna la course de vitesse du premier Championnat annuel de surf de la côte Pacifique, organisé à Balboa. Le surnom de « cigare » est resté à son invention, qu'il fit breveter en 1930. Les équipes de maîtres nageurs sauveteurs du pays s'équipèrent de ce type de planche sur toutes les plages.

Inventeur adroit et fervent amoureux de la mer, Blake était aussi un visionnaire du surf et un végétarien : combinaison idéale pour faire école. « Tom Blake, à l'évidence, fait le lien entre les anciens surfeurs du Pacifique Sud et les sportifs de l'époque moderne » écrit son biographe Gary Lynch. Il n'a pas seulement été un pionnier en matière de surf, il a su comprendre et adopter le véritable esprit *aloha*. Au moment même où Albert Einstein proposait la formule $E = mc^2$, Tom Balke inscrivait la sienne, Nature = Dieu, dans les sables de Malibu. Il nous reste un long chemin à parcourir pour respecter cet héritage...

Tom Blake mit au point sa planche creuse après avoir étudié d'anciens modèles hawaïens, donnant à d'autres l'envie d'innover à leur tour.

EN HAUT À DROITE : Tom pose devant une rangée de Hollow Boards.

CI-CONTRE : vers 1935, Blake et Duke présentent l'une de ces nouvelles planches devant le Outrigger.

En 1920, le Duke était à Détroit. En compagnie de quelques autres nageurs hawaïens, il rentrait des Jeux olympiques d'Anvers, où il venait de remporter une fois de plus la médaille d'or du 100 mètres nage libre, organisant quelques démonstrations au passage. L'équipe se trouvait dans un cinéma pour commenter ses performances. C'est là que Tom Blake, un jeune garçon du Wisconsin, fit la connaissance du Duke. Il fut si impressionné par son charisme qu'il décida de consacrer sa vie aux sports hawaïens : canoë, natation et surf. En 1924, à 24 ans, il décida de se rendre à Hawaii pour voir les surfeurs à l'œuvre et, accessoirement, pour révolutionner le surf.

Lorsque Tom Blake foula les sables de Waikiki, le passé remontait déjà à la surface. La population des jeunes beachboys ne cessait de croître, pour répondre à la demande des nombreux touristes et célébrités venus découvrir le surf.

Les courses de vitesse constituaient l'essentiel des compétitions de l'époque, mais la plupart des planches étaient lourdes et difficiles à manœuvrer. Blake fut l'un des premiers à leur apporter des améliorations. Il eut ainsi l'idée d'une planche creuse, beaucoup plus légère et maniable. L'invention de Blake rencontra un vif succès parmi les surfeurs novices et fut même adoptée par les sauveteurs comme embarcation standard sur les plages. D'abord sortie des usines Thomas N. Rogers de Venice, en Californie, elle fut ensuite réalisée par Ladder Company à Los Angeles, devenant le premier surfboard à être fabriqué en série.

Dans les années 20, le surf est remis au goût du jour pour le plus grand bonheur des *haoles*. Des compétitions sont organisées à Waikiki ou sur le continent, les courses de vitesse sont à l'honneur. On voit ici les concurrents, dont Tom Blake et Lorrin Whitey Harrison (3e et 4e en partant de la droite) attendant le signal du départ à San Onofre, en 1940.

DOUBLE PAGE SUIVANTE : **Palos Verdes était un autre lieu de rencontre des surfeurs dans les années 30 et 40. Les vagues y étaient parfaitement adaptées à la technologie de l'époque. Cette photo, prise à Paddleboard Cove, de deux surfeurs sur leur planche et d'un autre** (AU CENTRE) **sur un « paddleboard », est l'un des premiers clichés aquatiques de John Ball, inspiré par l'exemple de Blake.**

Naguère déserte et reculée, la plage de San Onofre, en Californie, accueille la foule des surfeurs dans les années 30 et 40. Rassemblés autour d'une vieille paillote, ils vivent leur passion dans des vagues qui rappellent celles de Waikiki.

Le plus important, c'est que Blake avait démontré que les changements pouvaient être bienvenus. Désormais, tout était possible. D'autres surfeurs suivirent l'exemple de Blake. La renaissance technologique était en marche.

LES « ÉTRANGERS » DE LA CÔTE

Blake se rend régulièrement à Hawaii, mais il est installé en Californie du Sud, où les surfeurs se font de plus en plus nombreux. Grâce à Freeth et au Duke, et au Hollow Board de Blake qui facilite la pratique de ce sport, les « coast haoles », comme les surnomment les Hawaïens, se précipitent en masse au bord de la mer dans les années 20.

Dès la fin des années 20, de petites communautés de surfeurs, hommes, femmes et enfants, décident de vivre leur passion en toute liberté. L'un des premiers spots choisis comme lieu de rassemblement est la plage de San Onofre, à Santa Margarita, à la lisière nord de ce qui constitue aujourd'hui le comté de San Diego. Sur le sable, une petite cabane de branchages, abandonnée là par une équipe de tournage de Hollywood, devient le point central de ralliement.

Vers 1935, San Onofre est le plus célèbre spot de surf au sud de la péninsule de Palos Verdes. Aux jours chauds de l'été, avec ses vagues magnifiques et sa paillote, cette grande

plage ressemble à Waikiki. Grâce aux surfeurs qui la fréquentent, campant sur place pendant plusieurs semaines, elle ne tarde pas à se doter d'une culture propre. C'est la grande époque néopolynésienne : on joue du ukulélé, on arbore des pagnes, des chapeaux de paille et de grandes planches de séquoia ; tout le monde rêve de partir pour Hawaii, berceau du Duke et de Freeth.

Le pèlerinage à Hawaii était un rite de passage envié de tous les surfeurs jusqu'au début des années 60, lorsque l'avion devint abordable. Même pour ceux qui ne devaient jamais franchir le pas, l'audace des quelques rares privilégiés qui avaient osé faire le grand voyage entra dans le folklore d'un sport et d'un mode de vie qui devaient beaucoup au bouche-à-oreille. L'histoire de ces surfeurs partis à l'aventure pour vivre leur rêve sur les plages sans un sou en poche était infiniment romantique. De plus, elle les présentait comme des marginaux épris de liberté, ce qui n'était pas faux.

Douceur du climat et vagues propices, ajoutées au succès croissant de l'automobile, permettent à des baigneurs de plus en plus nombreux de goûter aux joies du surf. La plupart des surfeurs fabriquent leurs planches eux-mêmes. Sur l'eau, deux écoles s'affrontent : le Hollow Board de Blake (EN HAUT À GAUCHE) **et le shortboard** (À DROITE). **La Seconde Guerre mondiale interrompt le mouvement, pas pour longtemps.** CI-DESSOUS : **à Hermosa Beach pendant l'été 1946, les jeunes du coin et ceux de Palos Verdes célèbrent la fin de la guerre.**

Dans les années 30, les surfeurs californiens se réfugiaient sur la plage de San Onofre pour fuir la surveillance des maîtres nageurs et les intrusions du monde extérieur, pour jouir d'une histoire d'amour avec la mer et le soleil. Un nouveau style de vie était en pleine gestation et, chaque fois que des surfeurs comme Lorrin Whitey Harrison, Pete Peterson (le meilleur surfeur de son temps, classé quatre fois premier au Championnat annuel de la côte Pacifique), Sam Reid ou d'autres rentraient d'Hawaii, ils rapportaient avec eux un peu de l'esprit « aloha ». La contagion allait bon train, même si la vieille garde de Waikiki devenait un peu xénophobe, gardant jalousement ses spots et ses méthodes. D'importantes mutations allaient suivre.

MALIBU

Au moment où la plage de San Onofre commençait à attirer les fanatiques du surf, on découvrait un autre spot au nord de Los Angeles, une plage de sable et de galets exposée au sud et aux vagues estivales. San Onofre se consacrait au culte des traditions hawaïennes. Malibu allait donner au surf un nouvel élan et, par ironie, participer à la légende de ce sport mythique et à son succès commercial.

Jusqu'à l'époque où Blake et le Duke se produisirent à Malibu, toute la côte était propriété privée et appartenait à Frederick Rindge, qui s'était efforcé de lui garder son intégrité. Aussi déterminée, sa veuve, May Knight Rindge, s'était longtemps opposée à la construction d'une autoroute fédérale en bordure de cette superbe étendue de plages et de baies, qui avait constitué la terre sacrée des Indiens Chumash. En 1925, malgré ses avocats et ses gardes armés, elle perdit la bataille et le droit de propriété passa à l'État. La construction de l'autoroute Roosevelt (aujourd'hui State Highway 1) commença dès 1926, ouvrant la voie au développement de la région.

L'accès légal à la côte, le long du ranch Malibu, resta limité à ses propriétaires et aux personnes autorisées. Toutefois, au nord de Malibu Point, une petite portion de terrain en bord de mer, appelée Malibu Colony, fut vendue à la société Marblehead et les célébrités du moment s'engouffrèrent par la brèche. C'est à Malibu que Ronald Colman s'initia au surf, de même que Jackie Coogan, Joel McCrea et plusieurs autres stars d'Hollywood.

L'après-guerre, centré sur la prospérité, la mobilité et les loisirs, précipite des milliers de gens sur les plages.

CI-CONTRE : **rassemblement à San Onofre.**

CI-DESSUS : **Norma Jane Baker, alias Marilyn Monroe, à Santa Monica, avec Pete Peterson et Tom Zahn.**

CI-DESSOUS : **Malibu a toujours été hors du commun. Proche d'Hollywood, la plage accueille les premières vedettes du surf. Vue générale de la baie et de la jetée, en 1950.**

Le Hot Curl

Grâce à diverses améliorations, le Hot Curl se comportait d'autant mieux que la vague était plus grosse. Pour faire avancer les choses, George Downing, Froiseth, Kelly et quelques autres n'hésitaient pas à se rendre dans des endroits inhabituels (notamment à Makaha, sur la côte ouest d'Oahu) où ils pouvaient faire des expériences à l'abri des regards et des sarcasmes des représentants de la vieille garde, qui continuaient d'affronter la vague de face.

L'invention du Hot Curl marque le début du surf « hot-dog » ; malgré les réticences, le vent avait tourné.

Les nouvelles techniques de ces surfeurs audacieux allaient faire école !

Les améliorations que Blake avait envisagées pour ses propres planches avaient immédiatement influencé le développement de la technologie du surf. Au lieu de reproduire les anciens modèles hawaïens, les surfeurs tentèrent des expériences. Une série d'innovations, ponctuelles mais décisives, devaient marquer la fabrication des planches de surf et, du même coup, la pratique de ce sport.

L'un de ces événements se situe sur le spot de Brown, face au Diamond Head de Waikiki, en 1934. John Kelly, Fran Heath et Wally Froiseth, qui surfaient à cet endroit, se heurtaient sans cesse à la même difficulté : lorsqu'ils pivotaient pour glisser le long des vagues, l'arrière dérapait, un défaut commun aux planches sans dérive appelé « slide ass ». De retour sur la plage, l'un d'eux s'empara d'une scie, découpa les flancs de sa planche en ne lui laissant que 12 ou 13 cm de large à l'arrière, avec un dessous en V. Le résultat fut inespéré. « J'ai pris une vague, l'arrière s'est enfoncé d'un coup et je suis passé sans encombre. On a vite compris que quelque chose d'important venait de se passer » raconta plus tard John Kelly (« Hot Curl », *The Surfer's Journal*, volume 3, n° 2). Ces nouvelles planches furent appelées Hot Curl parce qu'elles permettaient d'entrer plus facilement au cœur (« curl ») du déferlement.

Très profilé, le Hot Curl permet de nouvelles figures. Blackie Makaena à Canoes, 1950.

CI-DESSOUS : les adeptes du Hot Curl à Makaha, vers 1948 : Russ Takaki, Rabbit Kekai, Wally Froiseth et Roy Folk.

À Malibu, comme aux ranchs Bixby et Hollister de Point Conception plus tard, arriver jusqu'aux vagues était souvent affaire de culot ou de relations. Pete Peterson était l'un de ces privilégiés car sa petite amie travaillait à l'usine de Marblehead, qui se trouvait à 3 kilomètres au sud de Malibu Point.

Lorsque la houle était au rendez-vous, Pete se faisait un devoir d'accompagner la jeune fille en voiture jusqu'à son travail... et en profitait pour se faufiler avec sa planche jusqu'à la plage, où il pouvait surfer à loisir.

Mais un tel exercice nécessitait une vigilance de tous les instants. Dave Rochlen et Joe Quigg, deux pionniers du surf, l'ont appris à leurs dépens lorsqu'ils ont dû s'abriter derrière les rochers de Sequit Point (aujourd'hui Leo Carillo Beach), poursuivis par le feu roulant des gardes du ranch Rindge.

Été 1951 : l'endroit à la mode est la plage de Malibu, comme en témoigne la présence de Don Drazen, Mike Stevens, Robbin Grigg, Dave Rochlen, Peter Lawford, Tom Carpenter, Molly Dunn et Tim Lyons. C'est à ces jeunes gens célèbres que l'on doit le surf de la deuxième moitié du XXe siècle.

Sandwich Boards, Potato Chips et Pig Boards

Au cours de la Seconde Guerre mondiale, les plages sont sous haute surveillance. Les surfeurs, comme les autres, sont mobilisés, à l'exception des enfants et de quelques cas particuliers. Robert Wilson Simmons est l'un d'eux. En 1939, victime d'un grave accident de bicyclette qui l'a privé de l'usage de l'un de ses bras, il utilise une planche de Tom Blake pour sa rééducation. Ingénieur chez Douglas Aircraft, Simmons devient tellement accro qu'il quitte son bureau dès qu'il aperçoit de belles vagues.

À la fin de la guerre, Simmons utilise ses exceptionnels talents pour mettre au point un nouveau surfboard. Il associe les récentes découvertes de la Marine sur l'hydrodynamique aux caractéristiques inédites de la fibre de verre, ce qui aboutit à la fabrication d'une nouvelle

génération de planches de séquoia plus solides, plus élégantes et plus rapides. Il complète ses recherches sur les coques hydrodynamiques par la technique du « sandwich », unissant le contreplaqué, la mousse et la fibre de verre.

En septembre 1954, il part surfer au gros à Windansea, dans la province de San Diego. Simmons disparaît dans une ultime vague ; on ne retrouvera son corps que plusieurs jours après.

John Quigg surfait à Malibu depuis 1939. Après la guerre, il acheta un modèle Simmons car c'était le meilleur ; ensuite, il décida de fabriquer lui-même ses propres planches à partir du balsa, plus facile à travailler. Ses créations sont de véritables merveilles. Il choisit les bois les plus légers, les nappe de la résine la plus fluide et leur adjoint des dérives de pin et de fibre de verre.

En juin 1950, raconte-t-il, « une bande de jeunes de Malibu est arrivée à Windansea. Les types de San Onofre étaient là aussi. Il pleuvait, alors on a descendu les planches et on a dormi dans les voitures. Un type de San-O a vu nos planches, et il a appelé ses copains en disant : - Hé ! on dirait des rondelles de pommes de terre ! Le surnom de Potato Chip est resté. »

En 1952, un autre surfeur californien, Dale Velzy, découvre une planche de Quigg et décide de se lancer dans l'aventure. En quelque mois, il loue un local près de Hermosa Beach et monte un atelier de fabrication avec un shaper nommé Hap Jacobs.

Trois pionniers du Potato Chip, de retour d'Hawaii en 1952 : Joe Quigg, Matt Kivlin, Tom Zahn.

CI-DESSUS : la voiture de Simmons, surmontée de son invention.

CI-CONTRE : à Malibu, Dave Sykes et Peter Cole expérimentent un modèle Simmons, qui cédera bientôt la place aux planches de balsa.

ENCADRÉ À DROITE : réalisant le succès du surf, Velzy entreprend de fabriquer des planches pour ses amis dans son garage d'Hermosa Beach.

La conception de Velzy est simple : « Je me suis efforcé de faire des planches aussi faciles à utiliser que possible. Au lieu d'apprendre à surfer en deux ans, on peut se lancer au bout de quatre semaines ».

Le nouveau modèle de planche de Velzy, surnommé Pig Board, rencontre un franc succès, et il a du mal à satisfaire la demande.

Ces inventions, qui donnent naissance au surf « hot-dog », révolutionnent le surf californien dans les années 50 et 60. Grâce à ces nouvelles planches, il devient possible de surfer partout, sur tous types de ressac.

Le domaine fut finalement démantelé et vendu. C'était à Malibu Point, entre Malibu Colony et la jetée, désormais ouvert au public, que convergeaient les surfeurs de Californie du Sud. Les pionniers du surf furent rapidement rejoints par d'autres, plus nombreux d'année en année. Malibu, à son tour, devint un pôle important de cette nouvelle culture.

C'est alors que survint la Seconde Guerre mondiale, qui mit en sommeil cette forme de loisirs, tant à Hawaii que sur le continent.

MAKAHA À LA CROISÉE DES CHEMINS

Le 22 décembre 1943, deux adeptes du Hot Curl, Dickie Cross et Woody Brown, prennent le large à Sunset Beach, sur la côte nord d'Oahu. La tempête se lève, et les surfeurs sont pris au piège. Certaines vagues atteignent des creux de 10 mètres. Ils essaient de rallier Waimea Bay, mais il est trop tard. Là aussi, la voie est coupée. C'est le cauchemar. La mer rejette Woody évanoui sur la plage, mais on ne reverra jamais Dickie Cross vivant. Sa mort tiendra les surfeurs à l'écart des grosses vagues de North Shore pendant dix ans. On dit parfois que Woody Brown ne s'est jamais remis au surf de gros ; c'est faux : le Californien Walter Hoffman a vu Woody surfer les plus grosses vagues imaginables, en 1950, à Makaha.

Tom Zahn, peut-être le meilleur surfeur de la fin des années 40 et du début des années 50. Sauveteur comme beaucoup de bons nageurs de l'époque, il ramait vite et bien. En 1953, il franchit les 58 kilomètres qui séparent Molokai d'Oahu.

La boucle est bouclée lorsque le Potato Chip californien rencontre le Hot Curl hawaïen. Ce croisement donne un style de surf très intéressant.

EN HAUT À DROITE : **Les Williams et Buzzy Trent devant leurs quartiers d'hiver.**
EN HAUT À GAUCHE : **un surfeur et ses planches dans l'intimité.**

EN BAS : **l'équipe de Makaha, vers 1950.**

Sur la côte ouest d'Oahu, Makaha a la réputation d'être moins dangereuse que North Shore, bien que les vagues y soient parfois géantes. Les grandes plages protégées par des récifs étaient presque désertes jusqu'à la fin des années 40.

Les premiers à les fréquenter seront les adeptes du Hot Curl, Wally Froiseth, George Downing, Woody Brown et quelques autres.

Makaha était un vrai paradis, chaud et sec, balayé d'un vent de terre favorable aux bonnes vagues. Les surfeurs pouvaient tranquillement camper, pêcher et se livrer à leur sport favori. Cette vie libre est à l'origine des migrations hivernales des surfeurs californiens. Walter et Flippy Hoffman ou Buzzy Trent venaient pour les vagues. D'autres, comme Downing ou Froiseth, venaient surfer sans doute mais aussi boire de la bière, chanter et raconter des histoires.

À Makaha, le rapprochement de la ville et de la campagne, des autochtones (*kama'aina*) et des étrangers (*haole*), donne au surf un nouvel élan. Makaha la sauvage retrouve les racines anciennes du *he'e nalu* ; Oahu redevient le centre de la culture surf et, l'hiver 1954, c'est à Makaha qu'est organisé le premier championnat international de surf, combinant les épreuves de surf debout, de vitesse et de tandem, la palme étant remportée par George Downing. Les nouvelles circulent vite sur le continent, et Makaha devient la destination à la mode.

En 1952, Greg Noll, Jim Fisher et Mike Stang quittent leur école de Californie et débarquent à Hawaii. Un peu plus tard, Fred Van Dyke, après avoir vu une photo de surfeurs à l'assaut d'une énorme vague en première page d'un magazine de San Francisco, abandonne son poste dans une école de Santa Cruz et part pour Hawaii avec ses amis de Stanford University, Rick Grigg et Peter Cole. Beaucoup d'autres suivront.

C'est l'un des derniers moments de l'histoire du surf où ce sport reste réservé à quelques privilégiés. Les cultures surf de Californie et d'Hawaii se rejoignent, dans un même idéal et une félicité qui semblent devoir durer toujours.

WAIMEA BAY

L'une des images les plus célèbres de l'album photo du surf est une vague géante à Waimea Bay. Par une belle après-midi d'été, le sable d'or et la frange d'émeraude qui caresse la côte sont une aimable invitation à la baignade. Mais que viennent novembre, décembre et janvier, et tout change.

Quand les tempêtes de l'hiver traversent le Pacifique Nord en direction des îles Aléoutiennes, elles soulèvent d'énormes vagues rugissantes. Lorsque ces vagues se cambrent sur une hauteur de 6 mètres ou plus, la plupart des spots deviennent impraticables. Les vagues se brisent très loin sur les récifs et, jusqu'à la fin des années 60, personne n'aurait eu l'idée de s'y aventurer.

Pourtant, un spot restait accessible au milieu des tempêtes : la baie profonde de Waimea. La houle formait un large front régulier, projetant une épaule gigantesque au milieu de la baie et offrant au moins une possibilité de sortie au très courageux surfeur qui parviendrait à s'y engager.

Chaque hiver, Greg Noll et ses amis longeaient la baie de Waimea pour se rendre à Makaha. De temps en temps, Noll leur proposait de tenter l'aventure avec lui, mais ils n'étaient pas emballés.

Les fabuleuses Calhoun : sympathiques, mais redoutables sur les vagues.

EN HAUT : **Robyn, Marge et Candy Calhoun en 1962 à Makaha. Marge, la maman, est l'épouse de Hevs McClelland, surfeur acrobatique et comique qui s'est produit dans plusieurs films de Bud Browne.**

CI-DESSUS : **Walter Hoffman à Makaha en 1949. Héritier des Textiles Hoffman, il lance la mode des chemises hawaïennes dans les années 50.**

Premier jour dans la baie. Longtemps négligées après la mort de Dickie Cross, les vagues de Waimea sont finalement vaincues le 7 novembre 1957.

CI-CONTRE : l'une de ces vagues géantes est surfée par (de gauche à droite) Greg Noll, Pat Curren et Del Cannon. Mickey Muñoz vient de tomber à l'eau.

CI-DESSUS : la première équipe de ces surfeurs de gros se compose de Noll, Muñoz, Bob Bermell et Mike Stang.

Premiers cinéastes et photographes du surf

« Le héros méconnu, l'homme qui reste dans les coulisses du surf, c'est Bud Browne, écrit Fred Van Dyke dans *30 Years of Riding the World's Biggest Waves.* Alors que les surfeurs laissent leur nom à la postérité, Bud reste à son poste des heures durant, avec sa caméra et sa combinaison de plongée, ignorant les vagues pour filmer patiemment les évolutions des héros du surf. »

Bud Browne fut l'un des premiers cinéastes à enregistrer le ballet impressionnant des surfeurs, parfois terrifiant mais toujours magnifique, pour en faire profiter des spectateurs éloignés. Dans les années 40, John Ball avait tourné un 16 mm, intitulé *Californian Surfriders.* Mais ce sont les films de Browne, à commencer par *Hawaiian Surfing Movie* en 1953, qui ont transmis le succès du surf au milieu des années 50.

Browne, qui était un sportif accompli, ne s'est pas contenté d'offrir au monde des images du surf ; il a activement contribué à son rayonnement. Des surfeurs, qui sinon n'auraient été connus que de leurs voisins, voyaient désormais leurs exploits répercutés sur grand écran.

Homme-orchestre (il filmait, montait ses films, assurait la promotion, vendait les billets, commentait le film et balayait la salle),

Browne arpentait les routes pour présenter ses spectacles dans des écoles ou des petites salles de la côte californienne, faisant des vedettes de Downing, Froiseth, Buzzy Trent, Jim Fisher et Phil Edwards, de Mickey Muñoz et de Mike Doyle, en éveillant sur son passage de nouvelles vocations.

Les films de Browne conjuguent le plaisir du surf hot-dog dans les vagues courtes et le frisson des grosses vagues à l'attrait du contexte culturel, des errances de type « surfari » aux séquences comiques. Son exemple sera suivi par des dizaines d'autres cinéastes.

La photographie suit un développement analogue. Le public ne connaissait du spot de Waikiki que de rares et lointaines images proposées par les magazines.

En 1935, *National Geographic* publie une série d'excellentes photos prises par Tom Blake depuis sa planche. Non seulement ce reportage permet à un public plus nombreux de découvrir les joies du surf, mais il donne à un certain nombre de jeunes gens eux-mêmes surfeurs, dont John Ball, dit Doc, et Don James, l'idée de s'armer d'un appareil.

Les photos de surf, jusqu'en 1960, ne sont que des clichés réalisés par des amateurs ou, plus rarement, par des journalistes.

Don James, originaire de Santa Monica et habitué du Del Mar Beach Club, fut immédiatement séduit et inspiré par les photos de Blake. « J'ai commencé à prendre des photos pour montrer à mes parents et à mes professeurs ce qui se passait sur l'eau » déclare-t-il dans une interview accordée à Craig Stecyk quelque temps avant sa mort, en décembre 1996. Les travaux de James nous éclairent sur six décennies de l'histoire du surf.

Un peu plus loin, à Hermosa Beach, un jeune dentiste nommé John Ball commence à prendre des photos de Palos Verdes depuis sa planche, avec des appareils rudimentaires. Il devait armer après chaque photo, assis au milieu des vagues. « Il valait mieux faire attention à ce qu'on faisait », raconte Ball, dont les photos de surfeurs à Paddleboard Cove, San Onofre et autres spots en ont fait la célébrité. Tout ce battage devait forcément aboutir à populariser le surf et, à Hawaii, les résultats ne se firent pas attendre. « Les surfeurs se précipitèrent en foule à North Shore. Enfin, ce que j'appelle la foule, écrit Fred Van Dyke ; 20 nouveaux venus rien qu'en 1956. Nous avions tous un objectif en commun : vaincre notre peur. »

PAGE DE GAUCHE : le cinéaste pionnier Bud Browne à Makaha Beach, en 1962.

CI-DESSOUS : deux des pionniers de la photographie du surf, Don James (À GAUCHE) à Makaha en 1962 et John Ball (À DROITE) à Paddleboard Cove, près de Palos Verdes, vers 1938, sur une photo de Tom Blake.

En Californie, dans les années 30, les clubs de surf étaient déjà des lieux de rencontre et de compétition. Le Santa Cruz Surfing Club fut l'un des premiers. Dans les années 50 et 60, les Australiens suivirent l'exemple des Américains dont films et magazines leur permettaient d'admirer les exploits.

CI-CONTRE, EN HAUT : **une procession de véhicules australiens appartenant au cinéaste Bob Evans et ses amis, vers la fin des années 50.**

« Nous avons résisté trois ans, raconte Noll au cours d'une interview. Tout le monde avait la trouille. L'ancien *heiau* (lieu de culte) des Hawaïens sur la colline, et la vieille cabane qui se trouvait un peu plus bas avaient la réputation d'être hantés. Et puis, c'était là que Cross était mort. Pas de doute, l'endroit avait quelque chose de sacré. On croyait dur comme fer, avec toutes ces conneries, qu'on coulerait comme des pierres, aspirés au fond d'un grand trou. Buzzy m'appelait le joueur de flûte, il disait que je voulais les noyer tous comme des rats. » Le 7 novembre 1957, les dés sont jetés. « On roulait vers Sunset et on s'est arrêté à Waimea. Il faisait beau, les vagues n'étaient pas énormes, disons 5 ou 6 mètres. J'étais avec Mike Stang, on s'est regardé, et on a dit : On tente le coup. On s'est mis à ramer, j'ai jeté un coup d'œil en arrière et j'ai vu Curren et un autre qui nous suivaient. »

Noll revendique l'honneur d'avoir surfé la première vague, mais les témoignages diffèrent. Certains attribuent l'exploit à Harry Church. « Je me suis engagé sur l'épaule de la vague, explique Noll. Je suis redescendu et j'ai dégagé, c'est tout. Le voile du temple ne s'était pas déchiré, les dieux d'Hawaii n'avaient pas bronché. J'étais en vie. Pat et Mike m'ont suivi, ils ont pris la vague suivante, j'ai regardé au bord et j'ai vu les gars descendre leurs planches ! Le tabou était brisé. »

Noll raconte que les gens du coin se sont précipités sur la plage : « Tout Haleiwa s'est vidé, pour voir les *haoles* courir au suicide dans la baie ! »

La conquête de Waimea a galvanisé la communauté des surfeurs. Le surf devenait un sport de l'extrême, il n'était pas nécessaire d'être un aficionado pour apprécier. Voir Greg Noll, ce grand *haole* avec son fameux short rayé noir et blanc, dévaler une pente liquide de près de 8 mètres, ne pouvait avoir que deux effets, pas nécessairement incompatibles : faire trembler de terreur le spectateur ou lui donner envie d'en faire autant. »

PENDANT CE TEMPS, AUX ANTIPODES...

Le surf en Australie a suivi de très étranges chemins, depuis l'autorisation (en 1902) de se baigner de jour et les démonstrations de Duke Kahanamoku en 1914. Tandis que les rares surfeurs continuaient d'utiliser la lourde planche du Duke, les maître nageurs sauveteurs inventaient des bateaux performants (doris) et le ski nautique, en organisant un calendrier complexe de carnavals et de manifestations centrées sur les rencontres entre clubs rivaux. Le surf australien restait une composante modeste d'un système compliqué de baignades étroitement réglementées et de grandioses spectacles nautiques, marqué par l'obsession de la sécurité des plages.

L'acteur Peter Lawford, qui était surfeur, avait apporté avec lui sa planche de balsa pendant un tournage, en 1954, mais personne ne semblait y prêter attention. Pourtant, deux ans

FAIL TO

TEAM OF U.S. LIFESAVERS HERE FOR SURF CARNIVALS

Warm Welcome

Les journaux de Sydney, en 1956, annoncent la visite des maîtres nageurs américains à Avalon, Cronulla et ailleurs. La photo de Greg Noll (à droite) et de ses amis fait la une.

Les surfboards étaient en général fabriqués dans des ateliers de fortune ou des garages. Au cours des années 50 s'ouvrent des ateliers spécialisés.

CI-DESSUS : **dès 1960, les affaires marchent bien. Deux boutiques de Hermosa Beach en 1964, celles de Greg Noll et de Hap Jacobs, qui avait débuté avec Velzy. Le premier, Velzy eut l'idée de fabriquer des planches pour les adolescents du coin, qu'il appelait ses « gremlins ». Le terme est resté, altéré en « gremmies » ou « grommets ».**

CI-CONTRE : **Hobie Halter (à droite), avec son « shaper » vedette, Phil Edwards, premier surfeur professionnel.**

plus tard, stimulé par les possibilités qu'offrait le surf en matière de secours en mer, le gouvernement américain envoya en Australie une mission composée de surfeurs de talent, au moment même où se déroulaient les Jeux olympiques de Melbourne, en 1956. Cette fois, les Australiens ne pouvaient rester indifférents. Conduite par Tom Zahn, la délégation de surfeurs californiens (dont Bob Burnside, Bob Moore, Mike Bright et Greg Noll) se produisit un peu partout sur la côte Est.

« L'impact de ces manifestations fut encore plus important que celui de la démonstration du Duke à Freshwater quarante ans plus tôt », déclarent Margan et Finney dans *Surfing : A History of the Ancient Sport*. Tous les surfeurs d'Australie qui avaient assisté aux prouesses des Américains voulaient se procurer une planche Malibu. Ce qui n'était pas simple, dans la mesure où le balsa n'existait pas en Australie. Pourtant, en quelques semaines, des copies en contreplaqué du modèle dont se servait l'équipe de Zahn faisaient leur apparition sur la mer. Les informations allaient vite entre les deux continents et les fabricants australiens commençaient à s'équiper en conséquence.

Greg Noll rentrait au pays avec des films, ce qui ne manqua pas de susciter la curiosité des surfeurs à l'égard des plages des antipodes. La contagion entre Hawaii et les États-Unis devenait triangulaire, à un moment particulièrement bien choisi.

Presque à la même date, un représentant de Reichold Plastics proposait à Hobie Alter le nouveau matériau que sa société venait de mettre au point : la mousse de polyuréthane, une découverte qui allait bouleverser le surf de la décennie suivante...

La révolution de la mousse

Hobie Alter avait grandi à Laguna Beach, en Californie, et il adorait jouer avec les vagues. Presque personne, à cette époque, ne pratiquait le surf debout ; Hobie se contentait de ramer à plat ventre ; à 15 ans, un jour, il emprunta à Walter Hoffman une planche très légère, faite de fibre de verre et de balsa, qui pesait à peine 15 kilos.

Il fut immédiatement séduit et Hoffman l'aida à fabriquer sa propre planche sur ce modèle.

Les copains de Hobie étaient si jaloux qu'il décida d'en fabriquer quelques autres à leur intention. Il installa un atelier dans le jardin de ses parents, produisant une vingtaine de planches par été. Lorsqu'il quitta l'université, il atterrit à Dana Point, une petite localité voisine, où en février 1954, il ouvrit une boutique : Hobie Surfboards. « Tout le monde rigolait, raconte Hobie. On me faisait remarquer que, lorsque j'aurai vendu un surfboard aux 250 surfeurs de la côte, je n'aurai plus qu'à tirer le rideau. Mais les commandes continuaient d'affluer ».

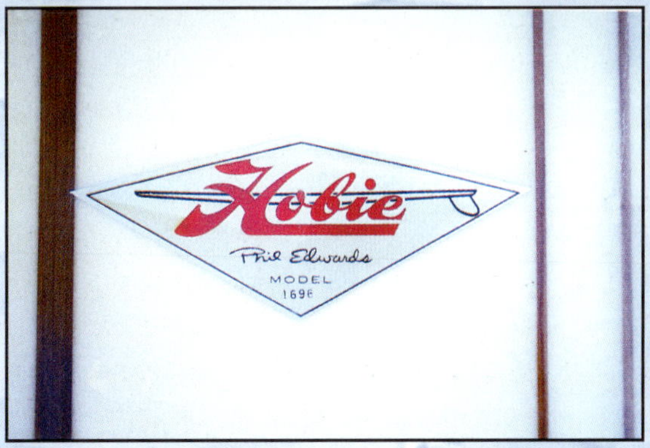

Dans les années 50, après-guerre, les Américains vivaient dans une certaine aisance, l'essence était bon marché ; ils fréquentaient assidûment les plages. Les adolescents étaient plus indépendants, les voyages abordables. Il y avait même quelques surfeurs sur la côte Est et Hobie y honorait parfois une commande.

Le représentant de Reichold Plastics arrivait au bon moment avec sa mousse de polyuréthane. La pratique du surf faisait de tels progrès que la seule limite envisageable était l'approvisionnement en balsa, dont Hobie et Dale Velzy se disputaient les stocks disponibles. Si bien que Hobie résolut de tester cette nouvelle matière, dans l'intention de mettre au point un produit de qualité constante, fiable et facile à travailler. Il confia le projet à l'un de ses shapers, Gordon Clark et, en 1958, lança une usine de fabrication de mousse à Laguna Canyon. D'autres fabricants allaient suivre, mais Hobie, avec sa « Clark foam », les avait pris de vitesse.

Un an plus tard, la firme Columbia sortait *Gidget*, un film tiré d'un roman de Frederick Kohner, fasciné par les aventures bien réelles que vivait sa fille à Malibu. Cette histoire romanesque d'une bande de jeunes rebelles hédonistes qui vivaient, aimaient et surfaient sur la plage faisait fi de tous les tabous bourgeois. Malgré un scénario assez indigent, une distribution approximative (avec James Darren, et Sandra Dee dans le rôle titre) et son caractère résolument guimauve, le film, comme escompté, fit un tabac auprès des jeunes.

La culture surf explosa au grand jour. « Si le film était sorti à l'époque du balsa, dit Hobie, aucun fabricant n'aurait été capable de suivre ».

D'où viennent les vagues

La Terre est une planète riche en eau. Près de 75 % de sa surface sont recouverts par la mer, les deux pôles couverts de glace, le sol même est gorgé d'eau. Il suffit de creuser assez loin pour voir surgir un peu partout ce liquide transparent inodore et sans saveur.

Mais ce n'est pas une surface inerte... L'immensité de l'océan, grâce à un vaste processus d'évaporation, permet la circulation de l'énergie cosmique, qui se manifeste sous forme d'ondulations. Le phénomène de la houle est dû à l'action conjuguée du vent et des tempêtes. La pression de l'air sur la surface des eaux provoque des rides qui se transforment à leur tour en vagues de plus en plus grosses. Une fois formées, elles avancent inexorablement vers les côtes où elles frappent la terre ferme et se brisent sur le rivage pour libérer l'énergie accumulée.

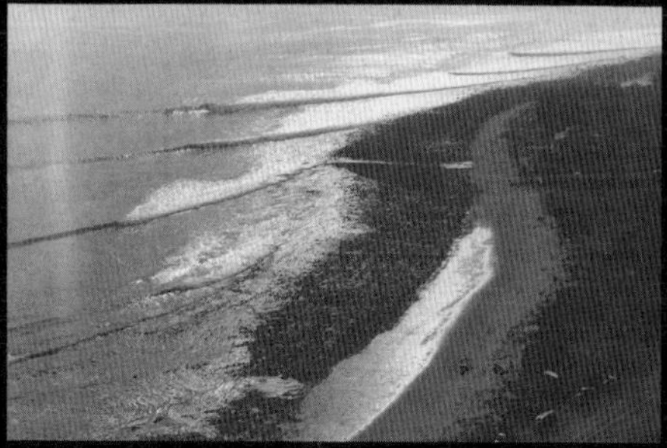

Une vague parfaite (mais impossible à surfer) frappe les récifs au large de Haapiti, à Moorea.

ENCADRÉ : vue générale de Rincon Point, « la Perle de la côte », prise par Joe Quigg en 1947. On aperçoit sur le bas-côté de la route la voiture de Bob Simmons surmontée de sa célèbre planche.

LA GRANDE ÉPOQUE

« 1956 – Deux limousines noires, des Cadillac, s'arrêtent à quelques pas de nous. C'est l'un des jours les plus chauds de l'été, à une époque où l'État n'exerce pas encore son pouvoir urbi et orbi. Dans les voitures se trouvent les réalisateurs, les premiers rôles et le scénariste de Gidget. Ils sont à Malibu pour s'imprégner de l'atmosphère, repérer les lieux de tournage, recruter doublures et figurants parmi les surfeurs du cru. Tandis que ces visiteurs d'un autre monde marchent précautionneusement sur la plage, essayant de préserver du moindre grain de sable leurs précieux escarpins, quelques gamins du coin s'arrangent pour ramasser un bon paquet d'excréments humains et pour l'introduire dans les prises d'air de la climatisation. Les voitures repartent, avec leur chargement de pontes et de stars, elles roulent à peine 300 mètres avant de piler, et tout ce beau monde descend en hoquetant. On a vu Sandra Dee vomir tripes et boyaux en plein milieu de Coast Highway. Tubesteak a dit qu'après tout, s'ils n'avaient pas réclamé l'air conditionné, il ne serait rien arrivé. »

(Craig Stecyk « Malibu, la malédiction des Chumash », *Surfer,* juillet 1976)

En 1959, la courbe de la réaction catalytique provoquée par les pionniers du surf en était à sa phase ascendante. La plage et ses promesses de plaisir et de liberté attiraient des jeunes de plus en plus nombreux.

Grâce au développement de la mousse et à la popularité croissante de la combinaison, le surf avait atteint le grand public. Hollywood ne manqua pas de sauter sur l'occasion.

Le début des années 60 vit l'explosion de films sur le surf, qui devait créer une mode et catapulter ce sport au premier plan de l'actualité. « L'influence de *Gidget* a été énorme », écrit Steve Pezman dans *Surfer* en 1977. Le film a porté le surf sur le devant de la scène juste au moment où il était prêt à assimiler ce nouvel intérêt, grâce à la mousse, aux combinaisons et aux facilités de déplacement.

Propulsée par le succès du film et les progrès de la technologie, la mode du surf envahit les États-Unis.

CI-CONTRE : **surfeurs à Padre Island, Texas.**

CI-DESSUS : **les fêtes organisées par les surfeurs n'avaient rien de commun avec les images d'Hollywood. La bande des copains de Dana Point s'est invitée à une soirée de Greg Noll à Hermosa en 1965. On reconnaît Hobie Alter, Mickey Muñoz et Corky Carroll.**

Le mouvement rock & roll des jeunes des années 50 avait préparé le terrain de la contre-culture exposée en 1959 dans *Gidget*. Comme *L'Équipée sauvage* en 1954 ou *La Fureur de vivre* en 1955, *Gidget* révélait au grand public l'existence d'une jeunesse qui ne suivait que ses propres règles. Mais le film n'était qu'un échantillon assez kitch de ce mouvement, la seule énergie vaguement dangereuse émanant de Cliff Robertson en Kahuna et de deux ou trois figurants, effectivement surfeurs à Malibu. Mickey Muñoz, portant perruque et bikini, doublait Sandra Dee dans les scènes aquatiques.

Pourtant ces trois films, tournés en Californie, constituent une trilogie assez cohérente. Même si les rebelles du surf doivent déchanter à la dernière bobine, lorsque Gidget et Moondoggie reprennent le droit chemin, le décor est en place pour la jeune génération.

La plage de Malibu dans les années 50, revisitée par les caméras d'Hollywood, donne naissance à un genre cinématographique nouveau. Le roman de Frederick Kohner, inspiré par sa fille Kathy (au centre) et ses amis de Malibu (dont Terry « Tubesteak » Tracey, en blouson blanc) a beaucoup contribué au succès du surf.

Après *Gidget*, on voit fleurir pendant une dizaine d'années une série de films parodiques sur le sujet. C'est d'abord *Gidget Goes Hawaiian* (1961), puis *Beach Party* (1963), *Muscle Beach Party* (1964), *Ride the Wild Surf* (1964), *Beach Ball* (1965), *Beach Blanket Bingo* (1965), enfin *Don't Make Waves* (1967). Aucun de ces films ne présentait une image exacte de ce sport mais, grâce à leur succès, la vente des planches et des combinaisons ne cessait d'augmenter.

LE SURF ET L'INDUSTRIE DU DISQUE

Si l'invention de la mousse et quelques navets célèbres ont lancé la mode du surf dans les années 60, le véritable moteur de cet engouement est la surfmusic. Bien que musique et surf aient fait bon ménage depuis longtemps, il s'agissait presque toujours, jusqu'à cette époque, de musique hawaïenne.

Entre 1960 et 1967, la côte californienne sert de décor à une série de « films de plage » assez médiocres. Little Stevie Wonder a fait ses débuts dans *Muscle Beach Party :* c'est le seul intérêt de cette bluette. *Gidget,* aussi guimauve, était d'inspiration plus réaliste.

EN BAS À GAUCHE : **Kathy Kohner et Sandra Dee échangent leurs impressions.**

Un certain nombre de surfeurs et de beachboys, en Californie comme à Hawaii, jouaient d'un instrument et certains appartenaient même à de petites formations.

Surfeurs à Malibu, Tommy Zahn et Pete Peterson constituaient avec Ralph Kolsiana les Ralph's Beach Boys. Spécialisé dans la musique des îles, le trio s'est produit au Sweeny's Tropicana de Culver City au cours de l'hiver 1953, sans connaître le triomphe comme Dick Dale.

Roi de la guitare surf et père de la surfmusic, Dick Dale et ses Del-Tones sont nés de la poussière et du brouillard des villes, à Riverside, en Californie. Dale était si occupé par les à-côtés du surf qu'il décida d'en abandonner la pratique. Il se défendait d'ailleurs beaucoup mieux sur un manche que sur une planche !

« De temps en temps, je jetais un coup d'œil à mes cordes et elles prenaient des teintes bleuâtres tellement elles chauffaient ! » Dale jouait de la main gauche sur sa guitare à l'envers, galvanisant le public un peu partout, du Harmony Park de Garden Grove au magnifique Rendez-vous Ballroom de la péninsule de Balboa. Dès 1961, Dale appartenait à la légende. Lui et son groupe font leurs débuts dans la musique de film avec Beach Party (ce sera Stevie Wonder dans *Muscle Beach Party*). La surfmusic remplit les salles de concert, tandis que, sur les plages et ailleurs, les jeunes adoptent une nouvelle forme de danse folklorique : le « surf homp ».

« La surfmusic a été la première et la seule forme régionale du rock instrumental. C'est aussi la première fois dans l'histoire du pop qu'un style de musique s'inspire d'un sport écrit John Blair, lui-même membre d'un groupe de surfmusic, dans *The Illustrated Discography of Surf Music, 1959–1965.* Autrement dit, la surfmusic était une façon d'exprimer sous une forme musicale les émotions ressenties par un surfeur sur sa planche.

Tandis que Dale et sa bande définissaient le genre et cherchaient à imposer l'expression musicale de toute une région, un autre musicien, nommé Brian Wilson, s'enfermait dans sa tour d'ivoire, à Hawthorne, en Californie, pour exprimer la poésie de la mer et du surf.

Son frère Dennis, le soliste des Beach Boys (qui s'appelaient au départ les Pendletones), était le seul surfeur du groupe. Avec Jan et Dean (Little Old Lady from Pasadena, « Surf City »), les Surfaris (Wipe Out) et quelques autres groupes de surfmusic, les Beach Boys s'emparèrent du son surf et l'utilisèrent pour raconter des histoires de tous les jours. La mélancolie de chansons comme « In My Room », le tempo crève-cœur des suppliques de « Help Me, Rhonda » ou le rythme lascif de « Little Deuce Coupe » récupéraient l'air du temps.

Grâce à la surfmusic, la culture qu'elle représentait fit son chemin à travers tout le pays. En 1962–1963, des groupes de surf se créèrent ici et là. Partout, dans les garages et les gymnases des lycées, des adolescents formaient spontanément leur propre groupe et faisaient des boums pour danser avec les copains. C'est sans doute la dernière fois dans l'histoire de la pop music que s'expriment avec tant de naïveté le bonheur et la joie de vivre. Bien qu'on ne trouve nulle part de « Surf City » où un garçon dispose de deux filles pour lui tout seul, comme le chantent les Beach Boys, la surfmusic permet à tous de vivre par procuration un peu du rêve californien.

Les Beach Boys, symboles d'une jeunesse insouciante et ambassadeurs de la Californie et de ses plages de rêve, ont exporté le surf et sa musique dans le monde entier. Leur premier album s'intitulait *Surfin' Safari*. Pendant ce temps, de Balboa à Bondi (CI-DESSUS), **les adolescents dansaient sur le sable.**

Après le succès des pionniers de la surfmusic, Dick Dale et les Beach Boys, tout le monde avait plus ou moins le sentiment de pouvoir en faire autant. De nouvelles formations, dans les villes du Middlewest, transies par le froid de l'hiver, parlaient de vagues et de spots. Les plus connus sont les Trashmen de Minneapolis, qui n'hésitèrent pas à mélanger deux airs connus, « Papa Oom Mow Mow » et « The Bird is the Word », pour en faire une de leurs propres chansons : « Surfin' Bird ». Malgré le procès qui leur retirait le copyright, ils sortirent un album intitulé lui aussi *Surfin' Bird*, dont la pochette recopiait celle du « Miserlou » de Dick Dale.

Stimulés par l'énorme succès de Dale, bon nombre de groupes envahirent également le sud de la Californie. Ils jouaient sur des guitares Fender possédant un maximum de résonance et inscrivaient leur nom en lettres d'or sur les batteries. Deux d'entre eux, les Surfaris et les Chantays, accédèrent au succès national au début des années 60, chacun grâce à la face B de leur 45 tours. Les Surfaris, des étudiants de Glendora, enregistrèrent leur premier titre, « Surfer Joe », complété par un instrumental sur la face B. Le morceau, d'abord appelé « Stiletto » en souvenir d'un achat effectué au cours d'un voyage à Tijuana, s'ouvrait sur le claquement sec d'un couteau à cran d'arrêt. Pensant que l'allusion était un peu trop punk, ils optèrent pour un titre plus surf et rebaptisèrent le morceau « Wipe Out ». Le bruit du couteau fut remplacé par le craquement d'une branche près du micro pour imiter le bruit des vagues.

Dick Dale et ses Del-Tones

La surfmusic s'inspire de sources musicales variées, notamment le rockabilly et le rythm & blues. Comme pour d'autres formes de musique rock, le son surf repose sur la mélodie d'une guitare solo, soutenue par une basse, une batterie et souvent une deuxième guitare. Les accords sont pratiquement oubliés, au profit de riffs répétitifs répercutés par de puissants haut-parleurs. Selon la Fender Corporation, les morceaux les plus représentatifs sont : avec cuivres « Miserlou » (repris dans le film *Pulp Fiction*), avec piano « Pipeline » des Chantays, avec une troisième guitare un morceau des Astronauts intitulé « Baja ». Lorsque l'invasion britannique de 1964 tue la surfmusic dans l'œuf, Dale n'abandonne pas la partie. Il continue à jouer, jusqu'au renouveau de la surfmusic dans les années 90, qui lui permet de repartir en tournée.

Les paroles de Brian Wilson célèbrent les beautés de l'océan, sur la musique d'un virtuose de la guitare électrique, Dick Dale (À GAUCHE).

Dave Smallin, le directeur artistique, partit d'un grand rire et ce fut un air de surfmusic ; les DJ préférèrent ce morceau au « Surfer Joe » de la face A. Le succès fut si grand que Wipe Out fut repris pour le générique de l'émission de pop music *Ready, Steady, Go* en Grande-Bretagne. Bientôt, tous les jeunes Anglais qui roulaient en scooter avaient adopté la surfmusic. Même Keith Moon, le batteur des Who, lorsqu'il entra dans le groupe au début des années 60, était un blondinet décoloré appartenant à un groupe britannique de surfmusic.

Les Chantays s'étaient rencontrés dans un lycée de Californie du Sud. Leur single de 1962, « Move It », était accompagné sur la face B d'une chanson d'abord intitulée « Liberty's Whip », mais rebaptisée « Pipeline » après qu'ils eurent admiré cette vague mythique dans un film de Bruce Brown. Grâce à son titre surf dans une année surf, 1963, « Pipeline » monta jusqu'à la quatrième place des meilleures ventes de disques. Même les Ventures, une formation qui jouait de la guitare avant même qu'apparaisse le terme surfmusic (et longtemps après), reprirent la chanson. En Californie du Sud, tous les groupes adoptèrent le son surf, pour l'abandonner tout aussi vite en 1964, au début du rock & folk. Les Crossfires changèrent leur nom en Turtles, et entrèrent dans le Top 10 avec une reprise du succès de Bob Dylan : « It Ain't Me Babe ». Pour ne pas être en reste, les Surfaris échangèrent leur Fender contre des Rickenbacker pour retrouver le son des Byrds et proposèrent leur propre version de « It Ain't Me Babe ».

En 1964, arriva une autre vague. Des autocollants placardés un peu partout annonçaient « THE BEATLES ARE COMING ! » : les Beatles arrivent ! Cette campagne publicitaire de Capitol Records était un avertissement pour les groupes de surfmusic ; un nouveau style de musique s'apprêtait à déferler sur les côtes américaines. Ceux qui jusque-là s'inspiraient de Dick Dale et des Beach Boys lorgnaient désormais en direction de ces bataillons aux cheveux de plus en plus longs qui, chaque semaine, débarquaient d'Angleterre. La surfmusic était morte.

Les Beatles ont mis fin à la carrière des Beach Boys et autres ambassadeurs de la surfmusic. Pourtant, les images que les films et les chansons elles-mêmes avaient répandues dans le monde continuaient d'inspirer les rêveurs et en même temps, des milliers de nouveaux venus succombaient à l'ivresse du surf.

MALIBU, DORA ET LE JARDIN D'ÉDEN

En 1960, les États-Unis vivaient une période de transition. Les premières petites voitures arrivaient sur le marché. La Californie du Sud était une région en pleine expansion, et cette région aride sans cesse menacée par les tremblements de terre était bien connue pour sa tolérance à l'égard des marginaux pas très nets. Contre-cultures et sables blancs faisaient bon

CI-CONTRE : **une photo prise par Bob Perine en juin 1965 à Newport Beach. Le surfeur a pris la première vague et s'est laissé porter, sans même éclabousser la guitare !**

CI-DESSUS : **au début des années 50, Tommy Zahn et Pete Peterson forment avec Ralph Kolsiana le groupe Ralph's Beach Boys. Le slogan « Little Old Lady » écrit sur la voiture illustre la récupération de titres connus (« Little Old Lady from Pasadena », de Jan et Dean) qui augmente les ventes. Ici les auteurs, sur une planche à roulettes, pendant le tournage d'un spot publicitaire.**

Les nazis du surf et les grands dadais blonds

La façon dont les médias jugent le surf a toujours été mitigée. À la fin des années 50 et au début des années 60, les articles du *Time* et autres magazines sérieux présentaient généralement la mystique du surf sous un jour défavorable, l'associant au monde dépravé des motards, des conducteurs de bolides et des drogués. L'étiquette de « nazi » fut reprise en chœur par les surfeurs toujours prêts à choquer.

L'histoire avait commencé dans les années 30 avec les planches de surf Swastika de Pacific System Homes, qui rencontraient un grand succès sur la côte. Au début des années 60, les parodies de nazis abondaient dans les films sur le surf, de même que les croix gammées sur les murs de Malibu et la station de pompage de Windansea, et on se saluait de joyeux « Sieg Heil ! » sur les vagues. C'est alors que Big Daddy Roth, préposé à l'intendance des Hell's Angels selon le magazine *Time*, créa pour les surfeurs une ligne de casques en fibre de verre inspirés des modèles de l'armée allemande. Ainsi, que des milliers d'exemplaires du premier couvre-chef de plastique du monde, Surf Fink, furent vendus par Revell, marque célèbre de modèles réduits. Si le casque n'arborait pas la swastika, il était grotesque.

Cette imagerie nazie souleva l'indignation d'une opinion publique, déjà portée à considérer les surfeurs comme une bande de bons à rien. Au milieu des années 60, malgré la campagne de *Surfer* contre l'usage de ces symboles nazis, qualifiés de signes distinctifs des novices, le terme « surf nazi » s'installe. Il est resté inscrit dans la langue vernaculaire de la contre-culture surf. Sa signification évoluant avec le temps, il désigne aujourd'hui un inconditionnel du surf, uniquement préoccupé de la pratique de ce sport au détriment d'autres activités sociales.

Surfer faisait tout pour que le public ait une opinion favorable à l'égard des surfeurs, qu'il les voie comme de gentils garçons propres sur eux, en jeans, T-shirt et sandales mexicaines, ou les pieds nus sous leur baggy (pantalon flottant en tissu imprimé hawaïen), mais toujours avec des cheveux blond filasse. Le surf était un sport bien comme il faut. Mais il fallait quand même être un peu givré pour s'amuser à surfer des vagues en Californie. *Life* accumulait les articles en présentant les surfeurs comme des garçons sous influence, un peu barges, mais pas dangereux. Le surf était désormais considéré comme un style de vie…

CI-DESSUS : **Cette photo parue dans *Surfer* présente un « surf nazi », Jim Fitzpatrick à Malibu. En réalité, aucun surfeur ne portait ce genre de casque.**

CI-CONTRE : **Le père de Lance Carson, après avoir vu Dale Velzy shaper une planche, entreprit d'en fabriquer une pour son fils. En 1960, Lance pouvait rivaliser avec les meilleurs. Il avait assimilé le style fluide des puristes, à la Mickey Dora, aussi bien que les manœuvres complexes d'un Dewey Weber. C'était un surfeur décontracté mais souvent imprévisible, dans la grande tradition de Malibu.**

DOUBLE PAGE PRÉCÉDENTE : **Surfrider Beach à Malibu, été 1962. Le désert des vagues appartient au passé.**

ménage à Santa Monica, berceau des légendes du surf. Les foules de Malibu ne cessaient de grossir, et une interminable rangée de planches s'appuyait sur les barbelés, le long du mur qui séparait la plage de la Maison Adamson et des vestiges du ranch Rindge.

C'était le domaine des locaux de Malibu, qui avaient grandi en surfant dans les vagues pendant la guerre et l'insouciance des années 50. Ils avaient exploré les possibilités du Malibu Chip et inventé les manœuvres, les figures et les gestes du surf hot-dog. Et voilà qu'ils voyaient leur royaume magique profané par des armées de débutants venus de l'intérieur, qui ne comprenaient rien aux racines du surf et qui, du même coup, ne faisaient rien pour être admis dans l'aristocratie de ce sport. Les beaux jours qu'avait connus la côte californienne étaient passés, et la qualité de la vie se dégradait en raison directe de l'augmentation de la population. Matt Kivlin décida en 1962 qu'il venait de surfer sa dernière vague à Malibu. Beaucoup trop de monde, décréta-t-il.

Dans les années 50, Malibu avait été un véritable creuset pour les héros du surf. L'archétype de la star de Malibu était soit un athlète aquatique sur le modèle de Lesley Wiliams (l'homme oiseau) ou de Dewey Weber (le petit homme sur roulettes), soit un antihéros nonchalant, façon Gard Chapin ou Matt Kivlin. Derrière ces stars locales, et pressés de suivre leur exemple, venaient les plus jeunes : Mickey Muñoz, Kemp et Denny Aarberg, Bobby Paterson, Johnny Fain (le lézard de Malibu) et Lance Carson, qui allait devait devenir l'un des artistes les plus

Da Cat

Mickey Dora est le Mohammed Ali du surf. C'est l'homme de toutes les contradictions : un taciturne d'une grande éloquence ; un artiste macho (il est peintre) ; un nomade des plages, qui soudain se transforme en play-boy élégant ; un surfeur de petites vagues qui accepte d'affronter le gros à Waimea, lorsque l'honneur (ou l'argent) est en jeu.

Malibu est un spot de petites vagues, une toile parfaite sur laquelle les artistes surfeurs de la Californie du Sud dessinent avec style figures et manœuvres. C'est un lieu idéal pour le surf hot-dog, rapide, sans surprise. Une sortie à Malibu peut être une méditation artistique, une expérience zen très éloignée de la tension requise pour surfer aux îles Hawaii. Dale Herd le décrit dans un article intitulé « Superslicksurfcat, ou l'éthique d'un moment de perfection », un article paru en 1970 dans le magazine *Surfer* : « C'est Dora au mieux de sa forme, silhouette immobile sur un engin mouvant, il ne se contente pas de réagir comme un chat aux changements de la vague, il la domine, en créant la ligne de force que nous admirons depuis la plage. C'est ce qui fait la différence entre un jeune surfeur habile, un simple athlète et un surfeur créatif, autrement dit un artiste. »

doués de Malibu. Carson est peut-être le meilleur exemple du héros composite, unissant la grâce physique et le style fluide du soul-surfing à la compétence technique nécessaire pour mener à bien la gamme complexe des figures du surf hot-dog.

Puis il y eut Mickey Dora (The Cat), Mickey Chapin Dora (Miki Dora), Miklos S. Dora (MSD III). Son beau-père, Gard Chapin, l'avait initié à l'océan et aux joies de la plage dès son plus jeune âge. Dora était un bon élève, peut-être un tantinet iconoclaste. Son intention avouée de faire sauter à la bombe la célèbre paillote de San Onofre est caractéristique des provocations et des poses qui masquaient une personnalité hors du commun.

Utilisé comme cascadeur dans plusieurs des films de plage réalisés par Hollywood au début des années 60, Dora avait la réputation de repousser ses limites aux frontières du possible. « Il a été engagé comme doublure pour *Ride the Wild Surf*. Ce n'était pas un big wave rider,

mais les réalisateurs le payaient et il a dit qu'il pouvait le faire. Les vagues de Waimea, comme souvent, étaient énormes. Il n'a pas aimé du tout : c'était sans doute les plus grosses vagues qu'il ait surfées de toute sa vie. Ce jour-là, il est passé sans transition des 2 mètres de Malibu aux 6 mètres de Waimea. Il était mort de trouille, mais il l'a fait. Ce garçon avait vraiment du talent. Je ne vois personne d'autre qui aurait pu relever un tel défi. » (*Da Bull : Life Over the Edge,* de Greg Noll et Andrea Gabbard)

S'inspirant des conceptions originales et pragmatiques de Kivlin et Chapin, Dora considère comme fondamentalement différente du passé sa nouvelle façon de surfer. Dora innove à Malibu, avec quelques autres, dans ses années les plus représentatives (de 1954 à 1960).

Archétype du mauvais garçon, Dora ne supporte pas que son territoire marin soit pris d'assaut par des hordes de zombies venus de l'intérieur.

CI-CONTRE : **Dora sur une plage française, au milieu des années 70.**

CI-DESSUS : **Dora n'a pas son pareil pour se débarrasser des gêneurs assez téméraires pour prendre « sa » vague.**

Le magazine *Surfer* ouvre la voie à des centaines d'autres, dont *International Surfing* (devenu *Surfing*) et un tabloïd australien, *Tracks.* Ceci installe un nouveau marché et enrichit la contre-culture du surf.

DOUBLE PAGE PRÉCÉDENTE : **John Severson a contribué plus que personne à populariser la culture surf. En créant le magazine *Surfer*, il donne le coup d'envoi. Un nouveau secteur est né. On le voit ici à Trestles. Derrière lui, Cotton Estate, qui deviendra la Maison-Blanche de la côte Ouest.**

ENCADRÉS : **Corky Carroll, publicité pour Keds ; la famille Calhoun vante un nouveau modèle de planche à roulettes métalliques.**

« Je n'étais pas très au point en ce qui concerne les aspects techniques, déclare-t-il dans une interview en 1997, pas comme Severson et Bruce. Ce que j'aimais plus que tout, c'était le surf. »

En 1957, sponsorisé par Dale Velzy, le plus grand fabricant de planches du monde, Bruce Brown entreprend un film destiné à promouvoir l'équipe de Velzy, histoire d'un voyage qui deviendra le modèle de beaucoup d'autres. Les protagonistes surfent en Californie, partent pour Hawaii, roulent à l'aventure et dorment sur les plages. Ce film, *Slippery When Wet*, était commenté en direct par Brown, avec Bud Shank en fond sonore. Le réalisateur lui-même entreprit de le présenter en circuit privé en 1958, juste au moment où le mot mousse commençait à faire son chemin dans les esprits.

Pendant le tournage à Hawaii, Brown rencontra un autre jeune surfeur, un cinéaste nommé John Severson, qui réalisait alors son premier film, *Surf Fever*, sorti en 1960. La même année, Bob Bagley présentait un film intitulé *Sacrifice Surf,* et un garçon nommé Bob Evans parcourait l'Australie pour présenter un petit film de voyage, *Surf Trek to Hawaii.* La vedette en était Bernard Farrelly, surnommé Midget (le nain), un jeune Australien hot-dog qui surfait dans le style Phil Edwards. En 1961, lorsque la firme Columbia sortit *Gidget Goes Hawaiian,*

Les magazines de surf font le lien

Le développement du surf doit beaucoup aux magazines et au cinéma. Les surfeurs d'Australie, de San Diego ou du cap Hatteras pouvaient désormais voir ce que faisaient ceux d'Hawaii ou de Malibu. Ils savaient de quels planches ils se servaient, quelles étaient leurs figures et les nuances, ce qui était dangereux ou pas, et surtout, ce qui était possible. C'est la naissance des stars du surf. *Surfer* établit un palmarès annuel des lecteurs pour désigner les meilleurs (Phil Edwards arrive en tête du premier). *International Surfing* publie son tableau d'honneur, le Surfing Hall of Fame.

Evans contre-attaqua sur le mode parodique avec *Midget Goes Hawaiian*, la suite des aventures du sieur Farrelly, qui faisait la démonstration d'un surf beaucoup plus musclé.

Les appareils reflex étaient inconnus dans les années 50 ; lorsque John Severson publia de bric et de broc un album photo maison destiné à accompagner *Surf Fever*, la plupart des photographies que présentaient ses trente-six pages étaient en réalité des photogrammes du film. Les autres clichés avaient été pris sur place par Severson ou par sa femme, Louise. Intitulé *The Surfer*, ce recueil remporta un vif succès d'estime, au point que Severson pensa que le moment était venu de lancer un magazine trimestriel. C'est ainsi que fut créé le premier magazine spécialisé, sous le titre de *Surfer Quarterly* (devenu ensuite *Surfer Bi-Monthly*, puis *Surfer* tout court) qui stimula ce secteur d'activité autant que le sport concerné. Entre 1960 et 1970, le tirage du numéro passa de 5 000 à 100 000 exemplaires.

En 1963, naquit *International Surfing*, qui ne fit à *Surfer* qu'une concurrence modeste au début, mais finit par s'imposer à armes égales au milieu des années 70 sous le titre *Surfing*. Depuis 1980, les deux magazines se partagent le marché. D'autres magazines se succédèrent sur le même modèle, jusqu'à l'initiative de John Witzig, surfeur australien. Son magazine, *Surf International*, était l'un des plus inventifs et des plus artistiques jamais proposés dans ce domaine. Il fut rejoint par *Tracks* en 1970, qui innovait à sa manière, en appliquant au surf le ton caustique et brutal de la presse à scandale.

Bientôt suivis par d'autres, ces magazines et ces films vinrent confirmer le succès de la culture surf. Ils entraînèrent dans leur sillage une autre activité, jusque-là plus confidentielle mais aussi importante pour son développement. Il existait désormais un marché pour les photos de surf et des dizaines de photographes se précipitèrent sur les plages.

Phil Edwards, le premier professionnel

Phil Edwards a été l'un des premiers professionnels du surf. En 1963, lorsque Hobie Alter lance son premier surfboard signé, tout le monde pense que Phil Edwards est le meilleur, et qu'il vaut bien les 23 dollars que lui rapporte chaque planche shapée pour Hobie.

Le Californien allie élégance et puissance. Des milliers d'enfants admirent ses évolutions dans *Surfing Hollow Days*, le film de Bruce Brown sorti l'année précédente, et essaient d'imiter son « backside drop knee (le dos à la vague, le genou gauche posé sur la planche) tout en douceur, son aisance sur les parois glissantes d'un tunnel de verre.

Le principal titre de gloire d'Edwards, c'est d'avoir été le premier à surfer la vague de tous les dangers, Pipeline. Les photos parues dans *Surfer* diffusèrent la nouvelle dans le monde entier : Pipeline avait été conquise. Une telle publicité n'aurait pas été possible pour Waimea, vaincue cinq ans plus tôt. L'existence d'une presse spécialisée avait tout changé. Elle créait des héros, racontait des histoires et attisait la fièvre du surf.

Comme à Waimea, le moment est arrivé où l'impossible, à Pipeline, devient possible. Il est légitime que Phil Edwards, le meilleur surfeur du moment, soit l'artisan de cette victoire.

La publicité, après une approche globale du surf (affiche pour Seven-Up), s'intéresse à ses acteurs : Hang-Ten rassemble Harold Iggy, Butch Van Artsdalen, Joey Cabell, Mickey Muñoz et Donald Takayama. Dans les années 70, le surfeur professionnel ; Larry Bertleman pose pour Rolls Royce. D'autres annonceurs, comme le fabricant de combinaisons O'Neill de Santa Cruz, allient sport et humour pour promouvoir leurs produits.

CI-DESSUS : l'équipe O'Neill en smoking de caoutchouc dans un village africain, vers 1975.

La photographie connut un tournant décisif lorsque George Greenough, par ailleurs talentueux knee-rider (surfeur à genoux) de Santa Barbara, imagina pour son appareil une sorte de cloche en fibre de verre et plexiglas, et utilisa son invention pour prendre un gros plan de l'Australien Russell Hughes au cœur même de la vague. Bientôt, de nombreux photographes lui emboîtèrent le pas, créant un lien dynamique entre l'art, le capitalisme et la magie intacte de la déferlante. Les stars du surf oublièrent toute mesure, pour tenter les figures les plus folles. Eux aussi voulaient avoir leur place dans les magazines et dans les films.

QUAND LA PUBLICITÉ S'EN MÊLE

Madison Avenue ne pouvait rester insensible à l'appel du large. L'industrie du surf était en pleine ascension et, au fur à mesure que la fabrication des planches se compliquait et que le volume augmentait, la nécessité de nouvelles conditions de travail se faisait sentir. Les usines, matériellement, occupaient une place de plus en plus importante dans les bâtiments et les zones industrielles. Une fois installées, il fallait bien que ces entreprises s'arrangent pour garder leur part de marché. La publicité devenait une solution obligée, et créait un nouveau métier, celui de surfeur professionnel.

La maison Jantzen fut la première grosse entreprise de vêtements de sport à comprendre l'intérêt de ce marché : elle acheta la quatrième de couverture de *Surfer* pour la première fois en 1963, et garda cette habitude pendant plusieurs années. Curieusement le premier mannequin vedette choisi par Jantzen fut Pat Curren, un surfeur de gros assez taciturne (dont le regard fuyant, sur la publicité en question, ne semble d'ailleurs pas remarquer l'objectif mais fixe obstinément la mer). La marque utilisa par roulement, pour promouvoir ses shorts, ses vestes et ses chemises, une poignée de surfeurs dont Ricky Grigg (payé 2 000 dollars par an), Corky Carroll (1 500 dollars par an, en tant que meilleur surfeur de compétition des sixties), Jerry West (des Lakers de L.A.) et même Severson en personne.

L'industrie du surf progressait au même rythme que son marché et, dès 1962, le surf disposait de sa propre foire commerciale, le Surf-O-Rama, qui avait pour cadre le Santa Monica Civic Auditorium. Certains fabricants expérimentaient de nouvelles méthodes pour augmenter la production et la qualité des planches. Grâce à des moules, des machines à shaper ou à stratifier, on vit apparaître sur le marché les premiers surfboards produits en série : les « pop-out. Aucun surfeur confirmé n'aurait eu l'idée de les utiliser, mais on supposait que les surfeurs novices ne feraient pas la différence. C'était compter sans la vigilance de la clientèle (et des magazines de surf), et l'expérience échoua lamentablement, de même que le lancement d'un surfboard motorisé, l'un de ces gadgets sans lendemain qui ne faisaient pas autre chose qu'enrichir le musée des curiosités.

LE POINT DE NON-RETOUR

Poussé en avant par le cinéma, les magazines et l'industrie du disque, le surf était désormais présent partout. Bientôt, Hobie vendait plus de planches sur la côte Est que n'importe où ailleurs, et l'on voyait apparaître des vedettes du surf venues de Floride : des garçons assez « hot » comme Claude Codgen, Mike Tabeling et Gary Propper. D'ailleurs, Propper reçut de telles sommes pour les planches qui portaient sa signature qu'il devint, dans les années 60, le surfeur le mieux payé du monde.

De même, alors que le surfeur *haole* était longtemps resté l'exception à Hawaii, les plages de Makaha et du North Shore étaient envahies de continentaux, en majorité des Californiens. Cela donnait lieu de temps à autre à des conflits racistes assez déplaisants et à un certain nombre de bagarres entre *haoles* et *mokes* (terme péjoratif pour désigner les autochtones), qui font partie intégrante du folklore attaché aux premières années du surf de gros. L'indulgence des locaux pour ces bandes de surfeurs fauchés et à demi-nus, avec leurs vieilles voitures rouillées, qui volaient des noix de coco ou des fruits de la passion pour subsister et s'entassaient à dix dans une hutte, n'était plus de mise.

Greg Noll (CI-CONTRE, **à Pipeline) ne cesse d'améliorer ses performances, jusqu'en 1969, où il surfe la plus grosse vague jamais tentée à Makaha. Même sur North Shore, les premiers prix couronnent surtout l'aisance et la maîtrise de la planche.**

EN HAUT : **à Pipeline, Jock Sutherland, une maîtrise dans tous les types de vague.**

ENCADRÉ : **Gary Propper et Claude Cogden, vedettes de la côte Est, enregistrent de belles victoires dans les années 60.**

Le surfeur

Le surfeur est une étrange créature amphibie, à la fois vestige du passé et messager de l'avenir. Pratiquant une activité venue d'un autre temps et d'un autre lieu, très loin dans les îles du Pacifique, le surfeur n'est pas disposé à marcher au pas, du moins, pas sous la bannière de la tradition européenne.

Le surfeur se règle sur le rythme des marées, sur le cycle de la houle et des tempêtes. Lorsqu'on veut surfer assez régulièrement pour acquérir une technique convenable (et le jeu est forcément plus intéressant quand on est bon), il faut organiser sa vie pour être là où se trouvent les vagues. Et lorsque les vagues se forment, on doit pouvoir en profiter, si bien que l'existence du surfeur est un état d'alerte permanent, dans l'attente d'un appel : « Ici Ed, c'est le moment, on y va ! » Les surfeurs sont toujours prêts à relever le gant.

Surfer, c'est voyager, et le surfeur est un nomade. « The Beast » à Velzyland, vers 1962.

ENCADRÉ : David Nuuhiwa se concentre avant l'effort. Championnat du monde de San Diego, 1972.

Pourtant, après les victoires remportées à Pipeline et à Waimea Bay, le tabou de North Shore s'écroulait, et des surfeurs de plus en plus nombreux, dotés d'équipements de plus en plus sophistiqués, partaient à l'assaut des grosses vagues de l'hiver. Souvent même leurs planches étaient fabriquées sur l'île. Dave Rochlen, surfeur à Malibu, s'installa à Honolulu et, avec Fred Schwartz comme associé, fonda Surf Line Hawaii, la première société de l'archipel à proposer plusieurs marques de planches continentales, assurant à la fois la vente, les réparations et la location. Suivant cet exemple, plusieurs autres ateliers industriels ouvrirent leurs portes à Honolulu et dans tout l'archipel, la fabrication du matériel le plus moderne opérant ainsi un spectaculaire retour aux sources.

Au milieu des années 60, les spots hawaïens sont très fréquentés. En même temps que les cinéastes et les photographes affluent sur les plages et bientôt sur l'eau, le nombre de surfeurs avides de gloire ne cesse de croître. Les surfeurs confirmés venus d'Amérique et d'ailleurs (Fred Van Dyke, Ricky Grigg, Peter Cole, Buzzy Trent, Butch Van Artsdalen, Jose Angel et des dizaines d'autres) se mêlent aux jeunes surfeurs du cru tels Barry Kanaiaupuni, Eddie et Clyde Aikau, Tiger Espere, Jock Sutherland et Joey Cabell. Au fur et à mesure que leur nombre augmente et que l'économie locale en bénéficie, North Shore devient spectacle, les spectateurs se précipitent (dont quelques jeunes femmes béates d'admiration devant la musculature de ces jeunes athlètes) et les médias commencent à s'y intéresser plus sérieusement.

LES DÉBUTS DE LA COMPÉTITION

La culture surf a toujours fait une place importante à la compétition. Autrefois, à Hawaii, il était courant de parier ses poulets, ses canoës, ses femmes ou sa vie lorsque les vagues étaient au rendez-vous. Remis à la mode à Waikiki au début du XXe siècle, les compétitions comportaient essentiellement des courses de vitesse, sur des distances qui atteignaient parfois 15 ou 30 kilomètres. Dans le passé, on mettait davantage l'accent sur la réalisation de soi-même que sur les performances mesurables mais, dans les années 30, à l'occasion des championnats interclubs de Californie, le surf debout est considéré comme une discipline essentielle. Les clubs de surf (Outrigger et Hui Nalu pour les années 20, Palos Verdes et Long Beach pour les années 30 à 50 ou Windansea et Malibu pour les années 60) poussent volontiers à la compétition et sont d'ailleurs à l'origine de la plupart des concours.

Bien que contraire à une culture par essence ludique et désintéressée, la compétition structurée s'organise, à partir notamment de la rivalité entre les États-Unis et l'Australie. C'est à ces affrontements que les meilleurs surfeurs de l'époque (Mike Doyle, Midget Farrelly, Ricky Irons, Nat Young, Corky Carroll, Mark Martinson, Steve Bigler, David Nuuhiwa, Mike Purpus et les autres) doivent leur réputation. Le premier concours de surf à offrir au vainqueur une importante somme d'argent a été le Tom Morey Invitational : doté de 1 500 dollars.

Élégance sous pression, telle est l'essence du surf. Joey Cabell illustrait parfaitement ce concept lorsque, à l'occasion du Championnat du monde de 1965 au Pérou, il entra dans l'arène pour la première fois : il sut trouver comment combattre un taureau.

CI-DESSUS : **Pat Curren et son fils Tom.**

Les doigts de pied en éventail

Se placer en équilibre à l'extrême pointe de la planche, au point de faire dépasser les orteils d'un pied, voire des deux, est l'une des figures de surf les plus difficiles à maîtriser.

En 1964, presque tous les surfeurs du monde s'essayaient à ce jeu.

Cette figure s'appelle « noseriding » et le meilleur « noserider » du monde était à cette époque un gamin maigrichon appelé David Nuuhiwa.

Lorsque Nuuhiwa fit son apparition sur la côte californienne, l'émoi fut à son comble dans le monde du surf.

L'adresse exceptionnelle de ce garçon, qui semblait tenir en équilibre pendant plusieurs minutes (alors qu'en réalité, la figure durait entre dix et vingt secondes) laissait à penser aux meilleurs surfeurs du moment qu'ils s'étaient fait coiffer au poteau. Lorsque David arriva sur la côte, il occupa immédiatement le centre de la scène, raconte Craig Stecyk. La précocité de Nuuhiwa ouvrit une ère de noseriding effréné.

Le noseriding était une telle démonstration de virtuosité, en comprendre la difficulté était si évident qu'il devint rapidement synonyme de surf.

– Tu es surfeur ? Tu sais faire dépasser tes doigts de pied ?

Le « hang ten » était né. Le « hang five », qui consiste à ne laisser dépasser que les orteils d'un seul pied est un bon début, sauf s'il s'agit d'une tricherie, un « cheater five » : si le pied arrière est très loin derrière.

Plusieurs années avant le Championnat du monde de San Diego, le noseriding était la figure de surf la plus appréciée. David Nuuhiwa (CI-DESSUS) devint pour cette raison le surfeur le plus unanimement respecté. Le surfeur le plus heureux dans cette discipline fut Corky Carroll (CI-CONTRE) que l'on voit ici en 1964, sur la planche Hobie qui remporta le concours Tom Morey de noseriding en 1965.

Le concours fut organisé le 4 juillet 1965 à Ventura, en Californie. Les règles du jeu étaient simples : le vainqueur devait, au cours de 14 épreuves, additionner un temps maximum en surfant sur le quart avant de sa planche. Mickey Munoz fut déclaré vainqueur grâce à une avance de 7 secondes (en réalité, il s'agissait d'une erreur des juges, le véritable gagnant étant Mike Hynson, de San Diego) et l'événement fit grand bruit.

Le Morey n'a pas seulement abouti à promouvoir le noseriding, il a stimulé la conception des planches comme rarement depuis l'époque où Velzy avait tenté ses étranges expériences à la fin des années 50. Muñoz avait utilisé une planche Hobie à nez concave dessinée et conçue par Phil Edwards, qui remporta un tel succès que plusieurs modèles s'en inspirèrent et que ce type de planche resta le plus vendu sur le marché continental pendant des années. Les fabricants de surf profitèrent de l'aubaine, car cette envie de neuf et de différent allait de pair pour l'ensemble de ce sport avec un regain de popularité. Initiateur du concours, à la fois surfeur, savant fou et marchand de rêve, Morey allait bientôt inventer le Boogie Board : cette douce petite planche courte à nez carré qui serait adoptée par des millions de personnes !

L'AUSTRALIE ET LE PREMIER CHAMPIONNAT DU MONDE

Lorsque l'équipe de Bruce Brown avait quitté l'Afrique du Sud, ils avaient appris trop tard que c'était en hiver que l'on trouvait les plus belles vagues en Australie. Mais ils étaient arrivés juste à point pour profiter des petites vagues de l'été et se faire de nouveaux amis, notamment un garçon : Robert Young. Surnommé « The Gnat », Young, qui venait de remporter le

Alors que les Américains cultivaient le noseriding, les Australiens préféraient l'engagement total.

CI-DESSUS : **Midget Farrelly (qui remportera le Championnat du monde de 64) effectue un quasimodo, à Long Reef, en 1961. Bob McTavish** (EN HAUT) **fut le premier à utiliser le v-bottom et le shortboard.**

championnat junior, était l'un des jeunes espoirs de la région de Sydney. Il avait une présence certaine et un grand naturel, si bien que Brown l'avait pris pour son film. Ils avaient rencontré une vieille connaissance d'Hawaii, Midget Farrelly, devenu l'un des surfeurs australiens les plus célèbres. Bob Evans, cinéaste et directeur de magazine, avait vite apprécié les talents de Farrelly, ses airs candides et son aimable caractère ; il en avait fait la vedette de plusieurs de ses films et le sujet de plusieurs articles. Lorsque Nat Young détrôna Farrelly, les choses se gâtèrent entre eux. Ils tenaient même des chroniques rivales dans les deux principaux journaux de Sydney. Pourtant leurs ressemblances (par exemple, tous deux avaient pris Phil Edwards pour modèle) l'emportaient indiscutablement sur leurs disparités.

Farrelly et Young n'étaient pas les seuls grands surfeurs produits par l'Australie dans les années 60. Evans avait très vite compris que la géographie même du pays en faisait un paradis pour les surfeurs et que les jeunes Australiens étaient naturellement très doués. Il avait beaucoup investi dans le surf et, dès 1964, il avait conçu et organisé le premier Championnat du monde à Manly, près de Sydney. La manifestation attira le crème des surfeurs, venus de Californie et d'Hawaii, bien entendu, mais aussi du Pérou, de Grande-Bretagne et d'ailleurs. La foule des spectateurs investit les plages, et l'événement fut un succès.

Rick Griffin

La révolution du shortboard coïncide avec un énorme bouleversement culturel. Rick Griffin qui, au début de sa carrière, avait illustré le *Surfer's Annual* de Greg Noll puis le *Surfer* de Severson, pour lequel il avait créé le délicieux petit gremmie appelé Murphy, dessinait désormais de spectaculaires affiches psychédéliques pour les Grateful Dead ou Jefferson Airplanes. À la fin des années 60, Murphy surfait à travers le temps, coiffé du casque transcendantal d'un demi-dieu Hopi. « Rick a su donner aux surfeurs une bonne image, alors que la plupart des gens étaient mal disposés à leur égard », racontait Severson. Les œuvres de Griffin (avec celles de Severson et de quelques autres) furent exposées au milieu des années 60 à l'initiative de *Sports Illustrated.* Griffin est mort accidentellement en 1991. « Rick, comme nous tous, avait pour mission de changer le monde », déclarait Jerry Garcia en 1995, peu de temps avant de disparaître à son tour.

La révolution des années 60 a été si puissante qu'elle a converti le surfeur pro Corky Carroll, assez longtemps en tout cas pour qu'il assure la promotion de la nouvelle génération fleurie des vêtements Jantzen (À GAUCHE).
CI-DESSUS : Rick Griffin à Rights & Lefts, au large du ranch Hollister.

Beau-fils et héritier de Clark Gable, Bunker Spreckels (The Player) récupère la révolution à son compte, ici sur North Shore. Flirtant avec l'impossible, ce garçon de 20 ans lançait des planches bizarres, épaisses et courtes, au cœur des vagues les plus impressionnantes, étonnant vedettes et vétérans du surf par son calme et son audace. Cet « enfant de l'espace », comme l'appelait Mickey Dora qui l'avait connu gremmie à Malibu, arriva en 1977 au terme d'une courte existence sur le fil du rasoir.

Évidemment, le titre de champion du monde ne rencontrait pas la même indifférence pour tous. L'arrivée à Torquay de quelque deux cents surfeurs venus du monde entier provoqua quelques remous. On ne comptait plus les descentes de police, les arrestations, les bagarres, vols et autres petits délits. Pour tout arranger, il semblait que la houle ne soit pas au rendez-vous. Nous oublierons de mentionner que Corky Carroll manqua de respect à l'épouse de l'aubergiste du coin, que l'équipe des États-Unis, à une exception près, refusa de défiler pour la parade, que David Nuuhiwa retourna en Californie après avoir été éliminé au premier tour (pour apprendre dans l'avion que les juges avaient décidé de donner à tous les concurrents une seconde chance) et que tout le monde tomba d'accord pour estimer que ce championnat était une vaste plaisanterie. Pourtant, la magie du surf, une fois encore, était en marche.

À la onzième heure, confronté au calme plat, Eduardo Arena, président de l'ISF (International Surfing Federation), accepta à contrecœur de transférer les demi-finales et les finales à deux heures de route plus à l'est, sur un spot secret particulièrement bien exposé aux vagues de la mer de Tasman. Une fois sur place, près du village Johanna, les meilleurs surfeurs du monde se rassemblèrent dans un décor bucolique. Ne restaient plus en guise de public que les autres surfeurs, l'ami ou le conjoint de l'un ou de l'autre, quelques journalistes, deux représentants de l'ISF, cinq juges, une demi-douzaine de fermiers et des vaches.

La mode psychédélique, dans les années 60, touche aussi les surfboards. Dale Velzy (CI-DESSOUS À GAUCHE) **accepte de travailler pour les autres. De nouveaux fabricants entrent en compétition et les motifs s'adaptent à la philosophie du moment.**

La révolution du shortboard débouche sur de nouvelles expériences.

À GAUCHE : Nat Young, surfeur confirmé, en symbiose totale avec Haleiwa, décembre 68.

EN HAUT : Owl Chapman surfe avec nonchalance la vague la plus rapide du monde, Maalaea, à Maui en 76 ; « J'étais complètement saoul », avoua-t-il.

EN BAS : Barry Kanaiaupuni lacère la vague à Honolua Bay, Maui, janvier 72.

La Maison Blanche fait des vagues

Californie, 1969. Le jeune Rolf Aurness (fils de James Arness, le célèbre Marschall Dillon de la série *Police des Plaines*) est à la fête. Il se place en tête des épreuves avec une aisance et un flegme qui déconcertent même ses ennemis. À l'époque, Rolf et son ami Corky Carroll étaient les deux seules personnes autorisées à surfer à Cottons Point (où il habitait).

Le domaine a été promu « Maison Blanche de la côte Ouest » et, lorsque Richard Nixon y séjourna, la plage devint zone interdite. Personne ne connaît la raison de ce privilège accordé aux deux jeunes gens.

Lorsque d'autres surfeurs moins célèbres se risquent à Trestles, zone doublement interdite du fait de la présence du président, un garde-côte de la Marine des États-Unis se fait un devoir de les rabattre jusqu'au rivage et de les remettre à la police militaire. Heureusement pour Nixon, le voisin qui brandit un gros cylindre noir ne se prépare pas à tirer au bazooka. Ce n'est que l'un de ces inoffensifs paparazzi armés d'un puissant téléobjectif qui vendent leurs clichés au magazine *Life*. Ce photographe, qui a fait lui-même la une très souvent, s'appelle John Severson.

Surfer à Trestles, c'était risquer la prison et la confiscation de sa planche.

En cette belle fin d'après-midi, sur des vagues d'à peine deux mètres, le Californien Rolf Aurness prouva ce qu'il avançait (que le shortboard était allé trop loin) et laissa les autres méditer sur la question. « Il n'était pas question de remettre en cause la victoire de Rolf, écrit John Witzig. Il était de loin le plus agressif et le plus remarquable des surfeurs présents.

À l'occasion de la sortie de son film *Pacific Vibrations*, John Severson expliquait ce qu'il avait voulu montrer : « un exemple de l'harmonie entre l'homme et la nature ». C'était presque comme si le surf, comme sa contre-culture, entrait dans la clandestinité. La surfmusic était morte, pour faire place à Led Zeppelin, John Mayall et Jimi Hendrix. Des surfeurs comme Myke Henson, David Nuuhiwa, Leslie Potts et Chris Green, qui avaient notoirement le sentiment d'appartenir à une confrérie, étaient des amis et des sources d'inspiration pour Hendrix. En 1970, Hendrix donna un récital privé au cratère d'Haleakala, à Maui, dans une dernière tentative pour traverser le « Rainbow Bridge » (pont de l'arc-en-ciel) avant que la dernière fenêtre se ferme sur la grande époque psychédélique. Une semaine plus tard, Hendrix quittait ce monde, et tout ce qui reste est le film *Rainbow Bridge*. Pendant ce temps, l'industrie du surf chancelait. Les clubs et les organisations perdaient leurs membres ou disparaissaient...

La finale du Championnat du monde de 1970, en Australie, eut lieu sur une plage de Victoria, en mer de Tasman. L'épreuve, qui insistait davantage sur les dimensions personnelles du sport que sur sa popularité, fut remportée par le Californien Rolf Aurness.

CI-CONTRE : **la route de Johanna.**

À GAUCHE : **les coulisses du championnat.**

CI-DESSUS : **Aurness à Malibu, 1969.**

Le spot de surf

Lorsqu'un heureux concours de circonstances produit des vagues de qualité dans un environnement accessible et sûr, cet endroit s'appelle un spot. Il en existe des milliers dans le monde, et ils diffèrent énormément les uns des autres. Les classiques des petites vagues sont : Malibu en Californie, Jeffrey's Bay en Afrique du Sud, Byron Bay en Australie. Certains spots offrent un gros surf : Waimea Bay à Hawaii, Mavericks en Californie, l'île de Todos Santos au Mexique, Mundaka en Espagne. Viennent ensuite les vagues de récifs, puissantes et élégantes : Grajagan à Java, Uluwatu à Bali, ou la célèbre Pipeline au nord d'Oahu, un déferlement parfait, de la poésie en mouvement.

La bonne marée, la bonne houle, la brise de mer, juste ce qu'il faut dans la bonne direction, et le spot devient un paradis, pour une journée, pour une heure, parfois pour le temps d'une seule vague. La liste des spots connus remplirait une vingtaine de pages d'un annuaire. Et il y en a d'autres, que les surfeurs qualifient de « spots secrets ».

L'un des spots les plus parfaits du monde est Honolua Bay, à la pointe nord-ouest de Maui. Les vagues, venues du Pacifique Nord, déferlent majestueusement sur les récifs.

CI-DESSUS des surfeurs attendent le moment favorable.

DES PURISTES AUX PROFESSIONNELS

« Il semble que le surf ait accédé à un meilleur niveau de reconnaissance, non pas dans le milieu sportif, mais dans le milieu des affaires, où la publicité est l'un des facteurs clés du succès. Sincèrement, je n'ai rien contre le fait de rapporter 7 000 dollars à la maison sous prétexte que j'ai fini huitième dans un concours de surf sponsorisé par une marque quelconque. C'est autrement plus marrant que de creuser des tranchées ou de conduire un train de marchandises. » (Bill Hamilton, *Surfer,* 1971)

L'invention apparemment inoffensive de l'attache (la laisse, ou le fil à la patte) en 1971 devait avoir des conséquences énormes. D'abord rejetée par les « soul-surfers », des puristes qui ne voulaient pas trahir l'orthodoxie du surf, la perspective de ne pas perdre sa planche à la première chute (et de ne pas avoir à la rattraper à la nage) allait faire de nombreux adeptes. Après la première apparition de l'attache à Santa Cruz, l'idée commença à se répandre, lentement. Exhiber ce bout de ficelle ne faisait vraiment pas sérieux, sans compter que la planche pouvait revenir et vous assommer. Les hommes, les vrais, ne voulaient pas de cette entrave, point final.

En fait, la planche ne revenait pas très souvent en arrière et lorsqu'un surfeur dessalait, au moins sa planche ne fendait-elle pas la foule des baigneurs comme une lame de sabre. Finalement, l'attache rendait les choses plus sûres et, bien qu'elle ait été interdite aux épreuves de qualification en 1971, elle finit par être acceptée de tous.

Une fois sa légitimité admise, l'attache permit un certain nombre de progrès. La porte était ouverte aux expérimentations. Savoir qu'il n'était plus indispensable de nager comme un fou pour récupérer sa planche incitait les surfeurs à tenter des figures plus spectaculaires. Parallèlement à la vulgarisation de la combinaison, l'attache permettait une plus grande liberté de manœuvre. Prendre un tube (figure assez peu répandue jusque-là) devint une performance obligée dans les années 70, grâce essentiellement à l'usage de l'attache. Ramer et nager comme un poisson appartenaient au passé. La technologie avait fait main basse sur le sport préféré des rois d'Hawaii.

L'attache a rendu le surfeur solidaire de sa planche et changé la face des choses. Il devient possible de tenter des figures plus radicales et de tomber à l'eau sans être condamné à rentrer à la nage.

À GAUCHE : **vol plané à North Shore.**

CI-DESSUS : **le surf, toujours le surf !**

EN QUÊTE DE PERFECTION

Les surfeurs sont des nomades. Surfer, c'est chercher, et chercher, c'est bourlinguer. Pour trouver une bonne vague, il faut parfois parcourir de grandes distances. Découvrir la vague idéale avant tous les autres peut vous conduire au bout du monde. Les films de Bruce Brown le prouvent très largement.

En quête de vagues disponibles et pas trop lointaines, un surfeur (CI-DESSOUS) **descend jusqu'à Lunada Beach, sur la péninsule de Palos Verdes.**

À DROITE : **Kevin Naughton et Tito Rosemberg dans le sud marocain, janvier 1975.**

Certains ne la rencontrent jamais. D'autres ont ce bonheur une ou deux fois dans leur vie. D'autres encore se cantonnent à leur spot préféré. Pour les surfeurs de l'impossible, l'histoire devient légende.

La grande aventure des années 50, depuis le premier marathon de Bob Simmons et l'exploration de Makaha et North Shore, avait établi une solide tradition de nomadisme. A peu près à la même époque, Bud Browne partit chasser la vague en Australie. Bruce Brown et son équipe le suivirent, après avoir posé les premiers surfboards sur les vagues sud-africaines. Deux ans plus tard, l'Anglais Rodney Sumpter sillonna la Côte d'Ivoire et les côtes occidentales de l'Afrique. Vint ensuite la redoutable équipe des Brésiliens Kevin Naughton et Craig Peterson avec leur compatriote, l'invincible Tito Rosemberg. Dans les années 60, Greg MacGillivray et Jim Freeman promenèrent Mark Martinson et Billy Hamilton sur toute la surface du globe pour le tournage de Free and Easy et de *Waves of Change.* Des dizaines de cinéastes et de photographes partirent avec les grands du surf à la recherche de la « vague idéale » qui ferait vendre les magazines et les tickets d'entrée.

Domestiquées, les plages du monde entier se couvraient de baigneurs. Restait le « surfari », la quête désespérée de la vague encore vierge. Les magazines de surf consacraient aux « surftrips » une part de plus en plus grande et c'est toujours le cas aujourd'hui. La jet-set du surf était comme possédée par le démon de la bougeotte, de Rick Griffin et Ron Stoner dans les années 60 aux errances de Naughton et Peterson en Afrique occidentale, au Maroc en Espagne, en France, au Mexique et aux îles Fidji, en passant par l'expédition du photographe de presse Bernie Baker en Amérique centrale. Il arrivait parfois que ces voyages apportent des satisfactions un peu moins licites.

Le Boogie Board

Autre jalon important dans les annales de la démocratisation des mers, l'invention du Boogie Board. Son créateur, un ingénieur reconverti en concepteur de jouets, se nomme Tom Morey. Morey, qui a quitté Ventura pour s'installer sur la Grande Île, est un garçon très imaginatif. Il dessine des planches pourvues de formes extravagantes et de dérives bizarres. Il imagine des planches motorisées qui fendent les flots sur un tapis de bulles.

Il habite Kona et il fait très chaud. « Je n'avais pas d'argent, je voyais les vagues presque devant ma porte et j'avais dans mon garage quelques plaques de mousse de polyéthylène, le reste de ce qui m'avait servi à faire les maquettes pour *Surfer.* Alors, j'ai attrapé le journal *Honolulu Advertiser*, le couteau électrique et le fer à repasser. Avec le couteau électrique, j'ai découpé une planche d'environ 1 m 30 et j'ai compressé la mousse avec le fer, en intercalant le journal entre les deux, si bien que les caractères d'imprimerie se sont décalqués sur la planche. C'est la raison pour laquelle je peux dater l'épisode avec précision ». C'était le 7 juillet 1971.

Morey s'éloigne du rivage. « Les vagues n'étaient pas terribles, mais je pouvais sentir physiquement la lame, je pouvais sentir le mouvement de la mer, pendant que cette planche sans dérive serpentait à la surface. » D'ailleurs au début, il surnomme son invention S.N.A.K.E. (serpent) : initiales de Side (flanc), Navel (nombril), Arm (bras), Knee (genou) et Elbow (coude), parce que les sensations passent par chacun de ces points de contact. Finalement, il la baptise Boogie Board. Le succès est immédiat, particulièrement auprès des enfants. Lisse, légère et insubmersible, la planche crée une nouvelle intimité entre des millions de gens et les déferlantes.

Le Boogie Board est en quelque sorte la Coccinelle ou la 2 CV des mers. Son usage s'est répandu sur les plages comme une traînée de poudre. Morey annonce : « Si tu as l'impression que la mer grouille de monde aujourd'hui, tu n'as encore rien vu. Un jour, on aura tous un Boogie Board à la maison. C'est une planche bon marché, facile à transporter. On peut jouer avec à la piscine, dans une rivière, sur un lac, sur la plage... et sur cette planète ou ailleurs, ça n'est pas près de s'arrêter ! »

D'abord conçu comme un jouet ou une planche d'apprentissage, le Boogie Board est très vite adopté par les bodysurfers, parce qu'il permet de prendre les vagues creuses dans des eaux peu profondes en toute sécurité.

CI-DESSUS : **Mike Stewart, l'un des plus célèbres adeptes du Boogie Board, à Backdoor Pipeline.**

SURF ET DROGUE

Depuis longtemps, la marijuana mêle sa fumée à celle des feux de joie allumés sur les plages. Les drogues s'entendent avec l'esprit de liberté associé à la plage et la situation des surfeurs aux frontières de la culture traditionnelle les rapproche de la *Beat generation* et d'autres mouvements marginaux. Le surf se fonde sur le culte de la liberté et sur l'expérimentation et le *no man's land* de la plage est un endroit idéal pour apporter sa bouteille, son joint ou sa seringue. Sur l'immensité du sable, on se moque des lois ; les panneaux d'interdiction servent de cibles ou de tableaux pour les tags. Les flics ne montrent pas le bout de leur nez, sachant qu'ils n'ont rien à faire là.

On a toujours pu trouver du cannabis bon marché au sud de la frontière, mais avec le mouvement psychédélique des années 60 et le soul-surfing des années 70, la demande de drogue est devenue énorme ; les surfeurs, avec leur mode de vie nomade et leur désir de liberté, se sont trouvés au bon endroit au bon moment pour participer à une forme très particulière de flux et de reflux.

Au début des années 60, un groupe de surfeurs établi en Californie, Brotherhood of Light (« confrérie de la Lumière ») mit sur pied l'un des premiers centres de distribution de drogues.

La mystique indonésienne

Au milieu des années 70, le Californien Bob Laverty volait vers Djakarta lorsque les conditions météorologiques obligèrent l'avion à se diriger vers Bali. Il put ainsi admirer, beaucoup plus bas, une magnifique côte bordée de récifs le long de la réserve naturelle de Plengkunk. Avec Bill Boyum, il organisa la première expédition vers ce lieu désert, remplaçant les mules de bât par des Susuki 80. Ils prirent le ferry pour Java et se rendirent en moto jusqu'au village de Grajagan. Ils chargèrent leurs motos sur des barques de pêche et traversèrent le lagon. Une fois à la réserve, ils roulèrent jusqu'à ce que leurs engins s'enlisent dans les sables coralliens. Ils continuèrent à pied à travers une jungle remplie de singes et de félins et finirent par s'écrouler de fatigue. Au réveil, ils se retrouvèrent en face de superbes vagues de deux mètres déferlant à perte de vue sur le rivage.

L'Australien Gary Elkerton, dûment casqué, sort du tube à G-Land.

« J'aimerais filmer un surfeur frôlant l'extrême bord du tube, déclarait Timothy Leary (CI-CONTRE À DROITE) à Steve Pezman, directeur de *Surfer*, en 1977. Cette figure est pour moi la métaphore de la vie. À condition de penser que le tube est une représentation du passé, et que je suis, comme on sait, un facteur d'évolution, ce que j'essaie de faire, c'est de me trouver à l'endroit précis où le passé et le présent se rencontrent... Là se trouve le pouvoir ; c'est là aussi que nous sommes le plus vulnérables, tout en gardant le contrôle le plus étroitement possible. C'est le passé qui nous fait aller de l'avant, tu ne crois pas ? »

Il fournissait LSD, marijuana, haschich et autres psychédéliques au monde du surf. C'était en réalité un vaste réseau d'investisseurs, de trafiquants et de dealers, mais les gens qui prenaient les risques au quotidien, transportant les drogues aux quatre coins du monde, étaient souvent des surfeurs itinérants.

L'une des vedettes du surf dans les années 60, un garçon affable et bien élevé, s'aperçut vite que la contrebande était un bon moyen d'arrondir rapidement ses fins de mois. Pour remplir son premier contrat, il s'envola pour l'Allemagne en première classe avec sa petite amie.

Se faisant passer pour un jeune couple en voyage de noces, ils achetèrent une Mercedes neuve et continuèrent leur voyage, par route et par bateau, jusqu'en Afghanistan, ne séjournant que dans les palaces. À Kaboul, ils descendirent dans l'un des meilleurs hôtels. Pendant le dîner, une équipe vint chercher la voiture au garage, la carrosserie fut démontée, le châssis truffé de haschich et d'huile de cannabis ; le véhicule fut soigneusement remonté, sablé, repeint et remis en place. Le couple quitta l'hôtel et reprit son voyage jusqu'à Karashi, où la voiture fut embarquée pour Long Beach, en Californie. Les jeunes gens montèrent dans un taxi, gagnèrent l'aéroport et rentrèrent chez eux.

C'était la partie la plus facile ; le plus difficile était d'attendre que la voiture arrive, de faire en sorte qu'elle passe la douane et de la récupérer. À ce moment-là seulement, quand il viendrait rechercher la voiture, il saurait si l'opération avait réussi. Ce fut pour lui, grâce aux précautions prises, le début d'une longue et brillante carrière de contrebandier.

Dans *Mr Sunset* (1997), Phil Jarratt raconte la vie du surfeur professionnel Jeff Hakman et de ses missions, qui ont commencé quand il appartenait à l'équipe Plastic Fantastic, la plus chaude des marques de surfboards de l'époque psychédélique. Lorsque Jeff s'aperçut que d'autres passaient du haschich à la frontière mexicaine grâce à des logements creusés dans leurs planches, il fut amené à en faire autant. L'huile de cannabis se mit à suinter sur la planche, à travers une fente dans la fibre de verre, mais les douaniers n'y prêtèrent aucune attention. Cette première tentative fut une réussite.

Dean Pinsak et Bobby Owens (EN HAUT À GAUCHE) **traquent les vagues au Maroc, en 84, comme l'ont fait leurs prédécesseurs 10 ans plus tôt.**

EN HAUT À DROITE : **après avoir décoré son van pour *Pacific Vibrations* de John Severson en 1970, Rick Griffin gagne la Californie du Nord à la recherche de nouvelles aventures.**

Au Mexique (CI-DESSUS), **vers 1976, les surfeurs trouvent de belles vagues et une bonne herbe (un double fond permettait de cacher la marchandise).**

Jeff Hakman, Barry Kanaiaupuni, Jock Sutherland, Gerry Lopez, Sam Hawk, Eddie Aikau, Owl Chapman, Tom Stone, James Jones et le jeune Reno Abellira représentaient les Hawaïens. On remarquait la présence de quelques surfeurs prestigieux : l'Australien Terry Fitzgerald, le Sud-Africain Gavin Rudolph, le Californien Mike Doyle.

Vers 1975, on vit arriver un groupe de surfeurs déterminés originaires de l'hémisphère Sud, qui tentèrent de conquérir Pipeline « backside » (dos à la pente) et s'attaquèrent aux vagues les plus grosses avec une agressivité jusque-là réservée aux surfeurs goofy-foot. Parmi eux, les cousins Tomson, Shaun et Mike, venus d'Afrique du Sud, et un groupe d'Australiens, Peter Townend, Ian Cairns, Mark Warren, Bruce Raymond et l'extraordinaire « Rabbit » Bartholomew, originaire de Queensland, dont le gourou culturel était à l'époque David Bowie. Tous ces garçons étaient de grands surfeurs, pas seulement à Pipeline, mais aussi à Sunset et à Waimea. Ils proclamaient que la meilleure façon de s'affirmer était de se rendre à North Shore et d'en parler après. La gloire ! « Leur rêve, commente *Surfer*, c'était un monde où tout serait surf. C'est ce qu'ils appelaient le surf professionnel et, malgré la résistance de la vieille garde soul, ils ont modifié l'opinion que les surfeurs avaient d'eux-mêmes. »

Les effets que ces sportifs de l'hémisphère Sud eurent sur le surf furent remarquables. Ils redonnaient un peu de vigueur à un sport volontairement maintenu par les puristes, attirant de nouveau l'attention (et les crédits) sur North Shore. Au cours de l'hiver 77–78, arriva John Milius, qui voulait voir filmer les scènes hawaïennes de *Graffiti Party*. La folie du surf des années 60 s'était éteinte (relayée par un nouvel engouement pour le skateboard) et le film n'était pas destiné à faire exploser le box-office, mais l'intervention de Milius n'en galvanisa pas moins les énergies. L'accent que mettait le film sur les « grosses » vagues influença profondément le surf. Les big-wave riders prenaient peu à peu le relais des surfeurs de petites et moyennes vagues, dont les médias étaient accoutumés d'admirer le style et l'élégance. Le gros surf d'hiver sur North Shore connut un regain de popularité. Le tournage de *Graffiti Party* signifiait aussi gros sous, dans des proportions inconnues jusque-là des surfeurs.

CI-CONTRE : **Eddie Aikau fait la preuve de son style à Waimea Bay, 1978.**

EN BAS À GAUCHE : **la famille Aikau, surfeurs à Oahu de père en fils. Eddie, accroupi à gauche de son frère Clyde, s'est noyé en allant chercher de l'aide pour le *Hokulea*, en difficulté au large de Molokai. Le reste de l'équipage a été sauvé.**

CI-DESSOUS : **les obsèques d'Eddie rassemblèrent sur la plage de Waimea Bay des centaines de surfeurs, de parents et d'amis. Une compétition de grosses vagues dédiée à sa mémoire, le Eddie Aikau Contest, ou plus simplement Eddie, se tient chaque hiver, à condition que les vagues atteignent au moins 6 mètres.**

STUBBIES PRO
INTERNATIONAL
SURFING
CEANSIDE • CALIFORNIA
JULY 28 – AUG. 2, 1987
RFING WAX

CHECK
THE
WAVES
Coca-Cola

CI-DESSUS : **la fête tourne mal : deux motos de la police incendiées à Huntington Beach en 86. À L.A., le surf fit alors la une des journaux.**

DOUBLE PAGE PRÉCÉDENTE : **marketing aidant, les T-shirts sont aux couleurs du surf, dans le monde entier ; les spectateurs suivent avec passion les compétions…**

La production du film (au Costa Rica comme à Hawaii) s'accompagnait d'emplois temporaires : surfeurs, photographes, maîtres nageurs sauveteurs, shapers et personnel de service. Bud Browne, Greg MacGillivray, Gerry Lopez, Billy Hamilton, George Greenough, Ian Cairns, Peter Townend, Denny Aaberg (transfuge de Malibu) et d'autres participèrent au projet, donnant à North Shore et au surf en général un nouvel élan que le cinéma ne tarderait pas à exploiter.

LE SURF SE VEND, LA CULTURE S'ACCÉLÈRE

Plusieurs films, à la fin des années 70, avec en tête *Graffiti Party, Five Summer Stories* et *Free Ride*, remettent le surf au goût du jour. À Newport Beach, sont installés plusieurs fabricants

Le surf fait un retour en force dans les années 70, grâce à un ex-gremmie de Malibu, John Milius, à qui l'on doit le scénario de *Graffiti Party* (1978) (EN HAUT À GAUCHE) et d'*Apocalypse Now* (1979) (EN BAS). John Severson était l'auteur d'un premier *Big Wednesday* (titre original de *Graffiti Party*). *Free Ride* de Bill Delany (1978) renouvelle le genre.

de vêtements de surf, de nombreux ateliers et des boutiques spécialisées. Les surfeurs californiens partent en croisade contre l'influence australienne en tentant des figures radicales et en arborant des combinaisons aux couleurs éclatantes. Parmi les gosses qui hantent la plage de Newport, se trouve Danny Kwoch, qui deviendra directeur du marketing et de la publicité chez Quicksilver. En même temps, d'autres surfeurs s'intéressent au commerce des vêtements, comme le shaper californien Shawn Stüssy, ou Michael Tomson qui lance Gotcha Sportswear, ou son cousin Shaun qui crée la marque Instinct. En fait, le surf bénéficie de la popularité croissante du skateboard, grâce surtout aux roues en uréthane et aux figures qu'elles autorisent. Les jeunes adeptes du Boogie Board réclament eux aussi des vêtements nouveaux. Outre le skateboard, on voit se développer le snowboard et la planche à voile, qui insufflent un sang nouveau au surf lui-même. Inventée par un surfeur de Malibu, Hoyle Schweitzer et son copain Jim Drake, la planche à voile ne connaît pas un succès immédiat aux États-Unis, où cette invention mi-viande mi-poisson est ressentie comme assez bâtarde. Mais en Europe, où preque tout le monde a entendu parler du surf mais où les spots sont rares, le Windsurfer gagne rapidement du terrain. La mode rebondit aux États-Unis à la fin des années 70. Le snowboard, plus que le ski et le monoski, se fait rapidement une place dans la pratique hivernale de la glisse.

Les apports financiers de la confection spécialisée ont un effet important et durable sur le développement du sport tout entier. Les budgets ne cessent de grimper. Surfeurs, publicité, films, cassettes vidéo, émissions de télévision, sponsors : tout le monde en bénéficie.

Le commerce des accessoires du surf passe à la vitesse supérieure avec l'explosion de couleur des combinaisons, des planches et des stickers. Les boutiques de surf sont relookées en conséquence : un trésor est caché au pied de l'arc-en-ciel.

La culture surf traverse de nouveau une période de transition majeure. La conjonction de plusieurs facteurs joue une fois encore en sa faveur, comme ce fut le cas pour Gidget et la mousse, pour le shortboard et les drogues. Mais le moteur essentiel du surf dans les années 80 est incontestablement l'invention du 3-fin par Simon Anderson.

Simon Anderson et le thruster

Le surf est très dépendant du modèle de surfboard utilisé. C'est à Simon Anderson que l'on doit, en 1980, la très fine et très maniable planche à trois dérives, fine comme une lame et très répandue dans les années 90.

Le doux géant Anderson eut l'idée du 3-fin pour améliorer la traction de la planche courte. La résistance latérale ainsi obtenue était telle que ces planches très courtes et très légères pouvaient se conduire d'un seul pied placé à l'arrière, à la verticale des dérives, si bien que le surfeur effectuait avec le reste du corps toutes les torsions et les balancements nécessaires pour mieux entrer dans la vague. Du moins, en théorie. En 1981, Anderson passa à la pratique et démontra sa supériorité à Bells Beach puis à Sydney, à l'occasion du Coke Contest. Tous les surfeurs adoptèrent le thruster plus rapidement encore qu'ils ne l'avaient fait pour le shortboard en 67–68.

La zone de surf avait subi des changements considérables entre 1965 et 1985. Les longboards et les knee-riders n'étaient plus que des souvenirs. Plus personne ne surfait comme autrefois, plus personne ne cherchait à tenir en équilibre sur ses doigts de pied.

Les enfants se contentaient de plonger sous la vague, planche en avant, et d'en ressortir en toute sécurité ; cette figure s'appelait « canard ». Si la vague qui se cambrait était trop haute pour faire un canard, le surfeur piquait une tête et se fiait à l'attache pour récupérer sa planche.

Les planches courtes et légères d'Anderson étaient si maniables qu'elles avaient quelque chose du skateboard. Les surfeurs passaient de moins en moins de temps dans l'eau, et de plus en plus de temps dans les airs ! La psychologie du skateboard ne tarda pas à suivre.

Des Hawaïens comme Johnny Boy Gomes ou des Californiens comme Davey Smith tentèrent quelques expériences, d'abord prudemment, puis avec de plus en plus d'assurance. Mais c'est Christian Fletcher, un surfeur de la troisième génération, qui fit sauter les derniers verrous et réalisa les cascades les plus spectaculaires, inspirées par les volutes des vagues elles-mêmes.

Ses manœuvres étaient proprement délirantes. Sur des planches de 5'6 qui pesaient moins de quatre kilos, il réussissait des aerials absolument insensés, dignes d'un expert de la haute voltige.

L'invention du thruster a encore bouleversé le surf. En quelques mois, tout le monde en veut un.

POUR UNE POIGNÉE DE DOLLARS

« Les marchands de chair humaine de Wall Street ne veulent réglementer le surf que pour en tirer profit. Sous cette étiquette de professionnel, le surfeur, pour survivre, sera réduit en esclavage par quelques nantis. » (Mickey Dora, *Surfer*, septembre 1969)

Dans les années 70, Ian Cairns (AU CENTRE) **et Peter Townend** (À DROITE) **unissent leurs efforts pour créer une équipe de surf professionnel, alors que Mark Warren** (À GAUCHE) **et Cheyne Horan semblent moins enthousiastes. Cairns et Townend mettent au point plusieurs projets destinés à promouvoir et à enseigner le surf.**

La compétition a toujours fait partie intégrante du surf. Orientée sur la course de vitesse dans les années 30, elle privilégie les figures de style à partir du tout début des années 50, époque de la grande vogue de Makaha. Il s'agit alors de récompenser les plus habiles, et le champion (ou la championne) doit manifester ses talents dans toutes les disciplines, vitesse, surf en tandem et évolutions sur la vague.

C'est surtout ce dernier aspect que les compétitions ont retenu au cours des dernières années. Les concurrents sont généralement répartis par tranche d'âge, sexe, spécialité : poussins, cadets, juniors, messieurs, seniors, dames, tandem, vitesse, etc. Comme pour les autres sports, les championnats de surf suivent une structure assez complexe, en fonction du niveau de la compétition : local, régional, national et international. Établi dans les années 60 et négligé dans les années 70, le système est reparti sur de nouvelles bases depuis les années 80, parallèlement à une renaissance du longboard.

À la fin des années 60, les soul-surfers amoureux de la nature manifestent la ferme volonté de préserver leurs spots de l'invasion que représente à leurs yeux la compétition. Mickey Dora, qui vit déjà à l'étranger pendant la plus grande partie de l'année et dont on sait qu'il envisage sérieusement de s'expatrier pour de bon, s'en explique à un journaliste de *Surfer* : « L'intrusion du professionnalisme sera pour le surf un coup fatal. L'individu se verra dépouillé de toute forme de contrôle personnel sur le surf ». John Scott, surfeur de Santa Cruz, fait chorus : « Le professionnalisme, c'est l'ennemi. »

Il devient pourtant de plus en plus difficile de résister aux propositions alléchantes des sponsors. Les prix mis en jeu connaissent une courbe ascendante : des 28 dollars du Bells Beach Classic de 62, on passe aux 2 000 dollars de Terry Jones pour son meilleur temps au concours de noseriding du second Morey en 66 ; 300 dollars vont à Corky Carroll pour sa victoire au premier Smirnoff Pro-Am, en 68 à Santa Cruz ; 2 000 dollars à Nat Young pour sa première place au Smirnoff de 70 à Makaha, 3 000 à Michael Peterson à l'ocasion du Coke Surfabout de Sydney en 74. Les premiers Masters de Pipeline, en 1971, sont dotés au total de 1 000 dollars, alors que ceux de 1996 passent à 130 000 dollars, avec 20 000 dollars pour le gagnant : Kelly Slater.

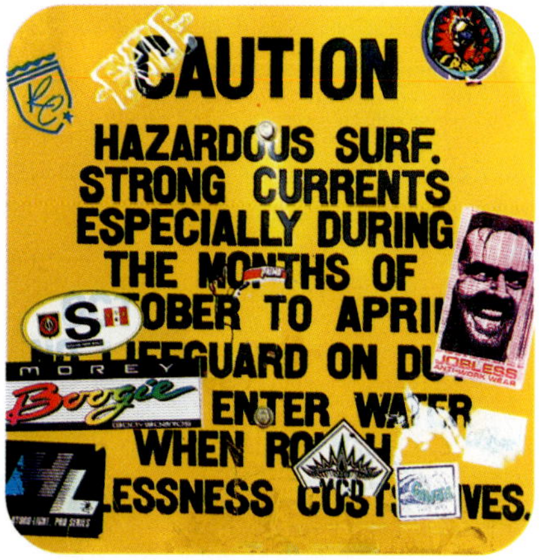

L'ASCENSION DU SURF PROFESSIONNEL

Malgré diverses oppositions, il était clair que les compétitions ne s'arrêteraient plus. La question était de savoir quelle forme elles prendraient à l'avenir. La vision de l'époque tendait à rapprocher le surf d'autres sports, comme le tennis ou le golf.

En décembre 1968, Fred Van Dyke, surfeur de gros et Larry Lindberg (producteur des Dukes sur la chaîne ABC) firent à un groupe de surfeurs rassemblés à Waikiki une modeste proposition, les invitant à adhérer à l'IPSA (International Professional Surfers Association). L'objectif de l'association serait, expliqua Van Dyke, de « désigner un champion du monde par le biais d'une série d'épreuves organisées à travers le monde. Nous projetons également d'offrir des prix, de promouvoir le sport et de défendre les intérêts de nos adhérents. » L'association était conçue sur le modèle de la Professional Golfers Association. Plusieurs surfeurs acceptèrent de signer une déclaration d'intention et Fred Van Dyke fut élu président. Ron Sorrell, membre du Outrigger Canoe Club et chargé des relations publiques, fut nommé Secrétaire général. Il était persuadé que le surf professionnel avait un avenir, et que cet avenir passait par la télévision. Il avait peut-être raison, mais l'IPSA ne subsista pas assez longtemps pour le prouver.

Les puristes, tels John Scott, s'opposent à l'invasion de leurs plages par les professionnels. EN HAUT : **à Steamer Lane, une plage de Santa Cruz. D'autres au contraire se réjouissent de l'aubaine.** CI-DESSUS : **Mark Richards, quatre fois champion du monde, interviewé par Lord James Blears, ex-champion de lutte et amateur de surf.**

À la fin des années 80, le surf fait fureur. Huntington Beach, à l'occasion des US Open Surfing Championships, est pleine de monde et le surfeur hawaïen Sonny Garcia ne sait plus comment traverser la plage après le heat.

EN BAS À GAUCHE : **Tom Carroll, deux fois champion du monde en Australie, crie victoire à Hawaii en 1988.**

À DROITE : **le surf est partout, ici dans une publicité anglaise.**

Fred Hemmings Jr, présent à cette réunion, signa aussi une déclaration d'intention. Le champion du monde 1968, prenant le contre-pied de l'article de Scott dans *Surfer*, écrivait : « Le surf professionnel donnera au surf son identité, il améliorera tous les aspects de la compétition, projettera une image saine de ce sport et aidera aux progrès de la technologie. » Hemmings pesait de tout son poids en faveur d'une association professionnelle du surf. Il savait qu'il y avait une lacune à combler dans ce domaine. Il était persuadé que, sans compétition, le grand public ne s'intéresserait jamais au surf.

La voie qui conduisait aux épreuves internationales de surf n'était décidément pas un chemin tapissé de roses. Le sixième championnat du monde (si l'on compte celui de 64 au pays d'Oz, surnom que donnent les surfeurs à l'Australie) fut organisé en 1972 à San Diego.

ciation, l'ASP (Association of Surfing Professionals). L'ASP (soutenue par Ocean Pacific, l'une des grandes marques de vêtements de sport) prit le contrôle des épreuves internationales, détrônant Hemmings et l'IPS.

LES VAHINÉS DU SURF

Alors qu'un certain nombre de femmes montaient sur des planches dès le début des années 20, le surf est resté longtemps un sport macho, dont la gent féminine était pratiquement exclue : de la misogynie considérée comme un rituel tribal... Cette réaction pouvait au début s'expliquer par la taille et le poids des équipements, mais c'était un état d'esprit, une sorte de club pour hommes. Malgré cela, un certain nombre de femmes surfaient à Malibu dans les années 50. Avant même Kathy Kohner, il y eut Vicky Flaxman qui, sur l'un des premiers Potato Chips, parvint debout jusqu'à la plage, sous les applaudissements de ses camarades masculins.

Les années 50, 60 et 70 ont vu se succéder des surfeuses exceptionnelles : Marge Calhoun, Lynn Boyer, Joey Hamasaki, Phyllis O'Donnell, Sharon Webber et Joyce Hoffman (qui gagna quantité de trophées mais ne parvint jamais à vivre financièrement du surf). Les surfeuses contemporaines (à commencer par Margo Godfrey Oberg, qui enseigne le surf à Kauai après avoir remporté le championnat du monde, et par Rell Sunn, la « reine de Makaha ») sont de véritables athlètes. Kim Mearing pour la Californie, Pam Burridge, Pauline Menczer, Layne Beachley et quelques autres pour l'Australie ont atteint un très haut niveau, en égalant les hommes et en entraînant de nouvelles vocations féminines dans leur sillage.

Curieusement, on notera que l'un des noms les plus connus parmi les professionnels du surf aujourd'hui, dès la fin des années 80, est celui d'une femme : Lisa Andersen. À 16 ans, Lisa qui vivait en Floride, partit pour la Californie, laissant un mot à sa mère pour lui annoncer qu'elle comptait bien devenir le numéro 1 du surf. Elle se rendit à Huntington Beach, demanda à Ian Cairns de la laisser participer au concours de la National Scholastic Surfing Association et ne repartit plus jamais. Après une courte et brillante période de pratique en amateur, elle passa professionnelle en 1987, finit brillamment l'année à la 12e place mondiale et reçut le titre de « Rookie of the Year » devant les autres surfeuses de l'Association of Surfing Professionals. Grâce au surf, Lisa avait changé de vie, atteignant le but qu'elle s'était fixé et qui semblait si étranger à sa maman.

Même si, au XXe siècle, le surf est un sport essentiellement masculin, il a toujours été pratiqué avec talent par des femmes.

CI-DESSUS : **Margo Oberg, quatre fois championne du monde, à l'extrême bord de sa planche, à Hammonds Reef en 1967, un an avant sa première victoire à Porto Rico.**

CI-DESSOUS À GAUCHE : **Margo gagne sa vie comme monitrice de surf sur une plage de Kauai.**

PAGE DE GAUCHE : **c'est aussi à Kauai qu'habite Malia Jones, une surfeuse puissante, capable de rivaliser avec ses collègues masculins.**

Lisa Andersen

Dans un article du magazine *Outside* intitulé « Gidget kicks ass », en novembre 1996, Martha Sherrill écrit : « Dans un monde anachronique et macho comme celui du surf, on s'attire le respect en agissant comme un homme. Deux fois championne du monde, Lisa Andersen est la première à changer cette façon de voir, à faire remarquer que les filles aussi existent. »

À 27 ans, Lisa fit la tournée des plages du championnat en compagnie de sa fille de 3 ans, Erika, ce qui ne l'empêcha pas de remporter son troisième titre. L'été précédent, elle avait participé à une épreuve du championnat de monde messieurs : le Quicksilver Pro. Elle était l'une des quatre femmes invitées à se joindre aux 48 surfeurs réunis à G-Land, sur la côte sauvage et dangereuse de Java ; elle sut conquérir, par son courage, l'estime de tous ses concurrents. La supériorité de Lisa sur ses collègues féminines est indiscutable et il y a de grandes chances pour qu'elle rattrape ses rivales 4 fois championnes du monde : Frieda Zamba (84, 85, 86, 88), Wendy Botha (87, 89, 91, 92) et la grande Margo Oberg (68, 77, 80, 81).

GÉNÉRATION ÉCOLOGIE

Les surfeurs avaient commencé à se sentir concernés par la protection de l'environnement dès le milieu des années 60, date à laquelle la tentative d'interdire Dana Point à l'ACE (Army Corps of Engineers) avait échoué.

Pour les anciens, la jetée géante, non sans ironie, est un monument à la mémoire de Killer Dana, l'un des premiers spots de gros de Californie.

À la fin des années 60, fut lancé le mouvement Save Our Surf : d'abord pour préserver l'accès aux plages, puis pour protester contre le dégazage en mer, la construction anarchique de digues, l'urbanisation des côtes et la pollution des mers.

Lisa Andersen, venue de Floride, est l'une des premières surfeuses à faire parler d'elle hors des frontières dans les années 90. Elle se déplace partout avec sa petite fille et manifeste des capacités sportives qui la placent à égalité avec les meilleures athlètes d'autres disciplines.

Kelly Slater

C'est un phénomène. Originaire de Floride et né dans un milieu modeste, il manifeste ses dons pour le surf dès l'enfance et devient vite champion amateur. Adolescent, il gagne déjà un million de dollars par an avec Quicksilver.

Beau et intelligent, il est l'objet d'un véritable culte. Il joue dans deux saisons de la série *Alerte à Malibu*, fait la couverture d'*Interview* en 1995 et figure dans la liste des 50 personnalités les plus séduisantes établie par le magazine *People*.

Slater cherche à tirer le maximum du surf sans toutefois salir son image. Malgré l'intérêt qui se manifeste pour les légendes et les héros du surf, Slater sait que la victoire va aux hommes jeunes : à 25 ans, il gagne tout ce qu'il veut.

CI-DESSUS : **de nos jours, personne n'a marqué aussi profondément le surf professionnel que le grand champion Kelly Slater, originaire de Floride. Il fait ses preuves sur les grosses vagues de Waimea, en 1996.**

ENCADRÉ : **Kelly avec Bob McKnight (à gauche) de Quicksilver, la société qui offrit au champion 250 000 dollars par an pour qu'il arbore les produits de la marque.**

PAGE DE DROITE EN HAUT : **quand Eddie Vedder, de Pearl Jam, remit un chèque de 50 000 dollars à la Fondation, il choisit de le faire devant un siège de WC, en affirmant « aujourd'hui, c'est à ça que ressemblent les océans ! » L'album de la Surfrider Foundation, dédié à l'océan nourricier, démontre l'intérêt que manifeste le monde musical à la protection de la nature.**

PAGE DE DROITE EN BAS : **un camp de surfeurs à Baja, la nuit.**

L'une des premières initiatives de Steve Pezman, surfeur et shaper lui-même, lorsqu'il intégra l'équipe éditoriale du magazine *Surfer* en 1970, fut d'établir une nouvelle rubrique, OMO (Our Mother Ocean) : forum de réflexion sur les problèmes qui se posent à l'environnement. Après avoir remplacé John Severson à la tête du magazine en 1971, Pezman intensifia ses efforts, lesquels finirent par porter leurs fruits. De très nombreux surfeurs se déclarèrent prêts à agir dans la même direction écologique.

À la fin des années 70, au nord de la Californie, trois surfeurs avaient remarqué qu'un pêcheur déplaçait les rochers de la barre qui formait les plus belles vagues de Shelter Cove et les utilisait pour construire une digue afin de protéger ses bateaux. L'un de ces surfeurs, Tom Pratte, étudiait les sciences de la terre à l'université de Humboldt. Passionné d'écologie et ardent défenseur de la protection de l'environnement, il partageait les convictions radicales que défendaient des organisations comme Earth First ! et la Sea Shepherd Society. Ils tentèrent la persuasion, en vain, et alertèrent l'opinion sur cette destruction illégale d'une ceinture de récifs. Pratte parvint à convaincre la California Coastal Commission de s'intéresser au problème et la digue fut détruite.

Après s'être battu seul pendant plusieurs années, Pratte se fit le porte-parole de la défense de l'environnement auprès de la WSA (Western Surfing Association) et s'opposa au drainage du lagon de Malibu par l'ACE, qui avait pour conséquence de contrarier la formation des vagues. Grâce à sa ténacité, à une bourse de 3 000 dollars octroyée par la WSA et au soutien du magnat de la mousse, Grubby Clark, Pratte atteignit un certain nombre de ses objectifs, notamment l'arrêt des travaux de l'ACE.

Le surf implique une telle intimité avec la nature dans un monde où la plupart des hommes sont enfermés dans un décor artificiel que les surfeurs se sentent tenus d'alerter leurs frères humains sur les dangers qui menacent l'océan. Comme l'écrit Bill Hamilton en 1971 : « puisque nous surfons les vagues de l'océan, nous sommes responsables de l'avenir et de l'équilibre écologique de la planète. » Nat Young s'est exprimé à plusieurs reprises sur ce sujet et a même participé à une campagne du Parlement australien en prenant pour thème la défense de l'environnement. « Avec tant de surfeurs sur la planète, j'estime qu'il est de notre devoir de parler de tout ça, parce que c'est là que se trouvent nos origines, déclarait-il en 1996 lors d'une interview. Adeptes du longboard ou du shortboard, peu importe, tous les membres de la grande tribu du surf partagent ces priorités. Numéro un : l'environnement. »

L'HABIT FAIT-IL LE SURFEUR ?

La mode surf a commencé lorsque les surfeurs qui se rendaient aux Îles Hawaï ont adopté les tenues décontractées des tropiques (d'abord les chemises hawaïennes, puis les bermudas) et les ont portés au retour, une telle façon de s'habiller étant par définition exotique. D'ailleurs

La Surfrider Foundation

Glenn Hening, surfeur et informaticien dans un laboratoire de Pasadena, souhaitait créer une organisation qui permette aux surfeurs de se préoccuper du monde qui les entoure. Il se mit en rapport avec Lance Carson (« le plus grand surfeur que je connaisse », dit-il) qui s'intéressait à Malibu et qui connaissait Tom Pratte. La concertation entre les trois hommes amena Hening, en 1984, à créer la Surfrider Foudation, première association écologique à but non lucratif regroupant des personnalités du surf. Membre du conseil d'administration, Pratte en devint bientôt le président.

Financièrement soutenue par Grubby Clark et par les membres fondateurs tels que Yvon Chouinard de Patagonia Inc. (qui fit un don de 10 000 dollars pour la construction de récifs artificiels et participa à hauteur de 65 000 dollars au budget global de l'association sur une décennie) et avec la collaboration active des magazines de surf, Surfrider Foundation prit rapidement de l'ampleur. « Tom Pratte, grâce à ses recherches sur l'environnement, a fait beaucoup en faveur de notre crédibilité », déclarait Hening, qui a quitté la fondation en 1986. « J'ai joué le rôle de booster », ajouta-t-il en riant. Il œuvre pour la protection de l'eau et poursuit sa croisade écologique par la publication annuelle de *Ground Swell Society.*

Sous la direction de Pratte, la fondation s'est associée à Mark Massara pour assigner en justice deux usines de pâte à papier du comté de Humboldt, qui polluaient les spots de surf de la côte californienne. Rejointe par l'EPA (les usines, gérées par Louisiana Pacific et par Simpson Paper & Co totalisaient plus de 40 000 infractions à la loi sur la pollution des rivières), la Surfrider Foundation finit par avoir gain de cause en 1991, à l'issue du plus long procès de toute l'histoire des États-Unis. « Ils ont essayé de nous acheter, dit Hening. Ils ont demandé : – Combien pour que vous retiriez

la plainte ? On leur a dit : – On veut de l'eau propre – Bon, d'accord, c'est une bonne idée. Combien, pour retirer la plainte ? – On veut de l'eau propre, on a répété. »

Les succès renouvelés de la fondation ont fini par attirer l'attention de l'opinion publique, même dans les milieux qui ne comptaient pas de surfeurs. En 1995, Eddie Vedder et son groupe, Pearl Jam, firent une donation de 50 000 dollars à Surfrider « pour son travail en faveur de la protection des océans ». John Densmore, des Doors, a donné 15 000 dollars en 1996 ; parmi les généreux donateurs, on trouve aussi le magazine *Rolling Stone*, la chaîne MTV, la SIMA (Surf Industries Manufacturing Association), Interscope Records et Surfdogs Records, le magazine *Wired* et beaucoup d'autres. Au conseil d'administration siègent Yvon Chouinard de la société Patagonia, Woody Harrelson et Gregory Harrison, acteurs, les Beach Boys, et Mati Waiya, représentant de la tribu des Chumash qui peuplait autrefois la région de Malibu.

En 1996, la Surfrider et Surfdog Records font équipe pour sortir un projet appelé MOM (Music for Our Mother Ocean), auquel contribuent des groupes prestigieux, les Beastie Boys, Jewel, No Doubt, Porno for Pyros, Pearl Jam, et qui rapportera 200 000 dollars à la fondation. Un second disque MOM, en 1997, comporte le « Miserlou 97 » de Dick Dale, où, selon le mot de Pierce Flynn, actuel PDG de la fondation, « Metallica rencontre Dick Dale ».

En 1997, la Surfrider Foundation comptait 25 000 membres, répartis en 33 sections (chapters) aux États-Unis et à Porto Rico, et de plusieurs autres sections dispersées dans six pays, dont la France.

DOUBLE PAGE : descente de l'Adour, en France, pour protester contre la pollution des rivières. Tom Curren est en tête des surfeurs.

© Time Inc. Photo: George Skadding

Dans les années 60, la chemise hawaïenne et le ukulélé sont à l'honneur. Le président Truman arbore fièrement la première sur la couverture de *Life*. Quant à Elvis, il adopte toute la panoplie pour *Blue Hawaii*. Une anecdote intéressante : en 1950, un graphiste hawaiien, John Miggs, invente pour la plus grande joie des enfants une planche de 1,40 mètre montée sur roues. C'est ce qui s'appelle être en avance sur son temps !

HAWAIIAN ISLAND CREATIONS
ENJOY THE RIDE

pour l'opinion publique, le surf lui-même était exotique. Découvert dans l'entre-deux-guerres et acclimaté en Californie dès le début des années 50, il n'était pas réellement intégré. Le surf se situait plus ou moins à l'étranger, sur des océans sans frontière et sur des plages où des jeunes gens bizarres passaient leur temps à se promener nus.

Fabriquées à l'origine dans une étoffe faite d'écorce tissée (*tapa*) peinte à la main ou au pochoir, les chemises hawaïennes sont la synthèse de la chemise des pionniers américains et de la vareuse de travail des Japonais, appelée *palaka* dans les îles. Les chemises sont en soie, en coton ou en rayonne (textile inventé par Du Pont en 1924) et destinées aux touristes des années 20 et 30 qui en répandent l'usage sur le continent aux modes austères. Inspirée par les exquises créations florales de Musa-Shiya (Shirtmaker of Shoten), Elsie Daas (Hawaiian Originals), John Miggs (alias Keoni of Hawaii) et quelques autres, une industrie était née. Kamehameha Garnment Company, Branfleet et plus tard Kahala sont les premières maisons à avoir pignon sur rue. Le fameux imprimé aux ananas rencontre un franc succès dans les années 30. À l'emblème des rois d'Hawaii, cette chemise est portée par Duke Kahanamoku (le premier surfeur sponsorisé par une marque de vêtements) qui reçoit pour sa peine 50 cents de royalties par unité.

Le modèle partage bientôt la célébrité de ceux qui en assurent indirectement la promotion : Richard Boone et Peter Lawford à Waikiki avec le Duke en 1947, Harry Truman sur la couverture de Life en 1951, Montgomery Clift dans *Tant qu'il y aura des hommes* en 1953, Arthur Godfrey pendant son émission de télévision (il en arborait une nouvelle chaque jour) et Elvis pour *Blue Hawaii*.

Les chemises hawaïennes sont à l'origine du look surfeur et du marché juteux des vêtements de sport, depuis les shorts Niis des années 50. La mode du surf, qui s'était imposée dans les années 60, fut détrônée par la mode psychédélique. Au cours de la riposte conservatrice des années 70, sa bizarrerie reprit le dessus, surtout lorsque les surfeurs californiens, dans leur combinaison de caoutchouc, adoptèrent la livrée sombre et luisante des phoques et des dauphins. Une telle simplicité n'était pas destinée à durer, dans la mesure où le surf est un style de vie, et qui dit style de vie dit mode.

À la fin des années 80, le surf, gagnant l'ensemble des États-Unis, connut un regain de popularité. L'impact fut d'autant plus grand qu'il s'agissait en réalité de la conjonction planétaire de trois sports de glisse : le surf, le skateboard et un nouveau venu plein de promesse, le snowboard. Le radicalisme des figures, le non-conformisme et le fait qu'il s'agisse d'un art de la rue ont à l'évidence concouru à la redéfinition des loisirs et de la façon de s'habiller qui s'ensuivit. Les nababs de la confection spécialisée se frottaient les mains. « Si tu n'as jamais surfé, n'essaye pas ! » proclame une pub de Gotcha. « Si tu surfes, ne t'arrête pas ! » reprend la seconde en écho. « Wave attack ! », « Surfe jusqu'à plus soif », « Le choc du futur » : ces slogans fleurissent sur les affiches. Un acteur californien entre à la Maison Blanche et tout le monde rêve de devenir un punk du surf.

Les maisons qui ont survécu aux aléas des années 70 et 80 refont surface, tandis qu'une foule de nouvelles sociétés s'engouffre par la brèche, chacune essayant de surpasser l'autre par sa recherche d'authenticité. Les magazines de surf gonflent à vue d'œil, passant des 100 pages des années 70 à un gros 200 pages par numéro. Les principales marques de surfwear investissent les magasins de luxe ; les produits pénètrent les circuits de grande distribution. Les gosses du monde entier portent Gotcha, Stüssy, Rusty, Quicksilver et Life's a Beach. Voilà qui est fait : la vie est une plage.

Des dizaines de fabricants de planches (toutes formes de glisse confondues) se mettent à l'ouvrage et des centaines de marques de vêtements leur emboîtent le pas, parmi lesquelles Jimmy'Z, Billabong, Surf Fetish, Cruz, Pure Juice, Spot Sport European Beach, No Fear, Airwalk, Kozmik, Town & Country, Ooh Mau Mao, Maui & sons, Local Motion, Mossimo, Island Magic, Island Scene, Hawaiian Island Creations, Bad Boyz, Local Boyz, Newport Blue, Gordon & Smith, Body Glove, O'Neill et Hang Ten (fondé par Duke Boyd en 1962)...

En 1990, le nouveau film de Bill Delaney, *Surfers : The Movie* fait l'objet d'un énorme battage. Conçu pour « renouveler le genre du film de surf », il n'atteint pas l'objectif poursuivi par son producteur, Michael Tomson de chez Gotcha, essentiellement parce que le marché de

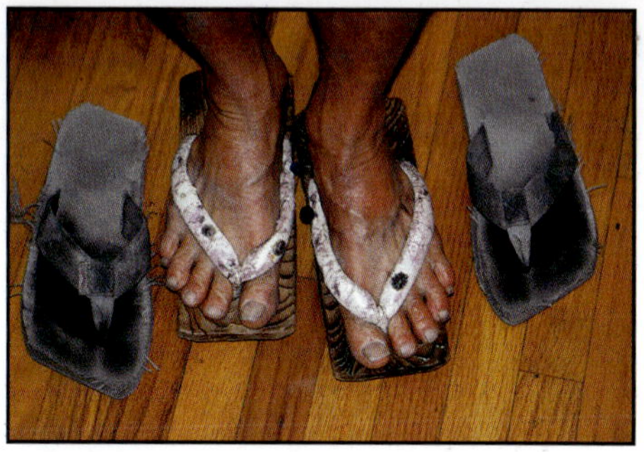

Le surf dégage une telle impression de paix et de danger, de nonchalance et d'énergie physique, d'élégance maîtrisée et de peau de banane qu'il suscite plus que tout autre sport la fantaisie et le bizarre. L'œuvre de Rick Ritveld (EN HAUT) **illustre ce mélange.**

CI-DESSUS : **les pieds de Mickey Muñoz confrontés à un choix déchirant.**

À GAUCHE : **un sticker parmi tant d'autres.**

la vidéo est en plein essor. Pourtant le titre *Surfers* était bien ciblé et correspondait à la demande, particulièrement importante. Les stars du surf sont sans cesse sollicitées par toutes les grandes marques de vêtements pour présenter leurs modèles.

KEEP COOL !

Dans un monde où la règle était désormais de rester cool, le surf avait érigé en religion le culte de la qualité de la vie et les marchands du temple n'étaient pas disposés à laisser passer une si belle occasion. Les histoires et les gadgets relatifs au surf connaissaient une vogue grandissante. Le *New Yorker* publia un volumineux dossier racontant la vie et l'œuvre du docteur Mark Renneker, surfeur de San Francisco et cofondateur de la Surfer's Medical Association, par ailleurs grand briseur de stéréotypes devant l'Éternel. Pendant ce temps, Christian Fletcher (crâne rasé, piercing et tatouages) opérait à partir des trois sports de glisse les plus répandus une synthèse qui marquerait à jamais de son empreinte. Au milieu des années 80, entre deux séances de photo avec Bruce Weber pour Ralph Lauren, Nat Young donna son avis au magazine *Surfing* : « On a présenté le surf comme une religion, et c'en est une. J'ai appartenu longtemps à cette secte. En tant que membres d'une même tribu, les surfeurs recherchent quelque chose que l'homme de la rue n'est même pas capable d'imaginer. Je veux dire que les sur-

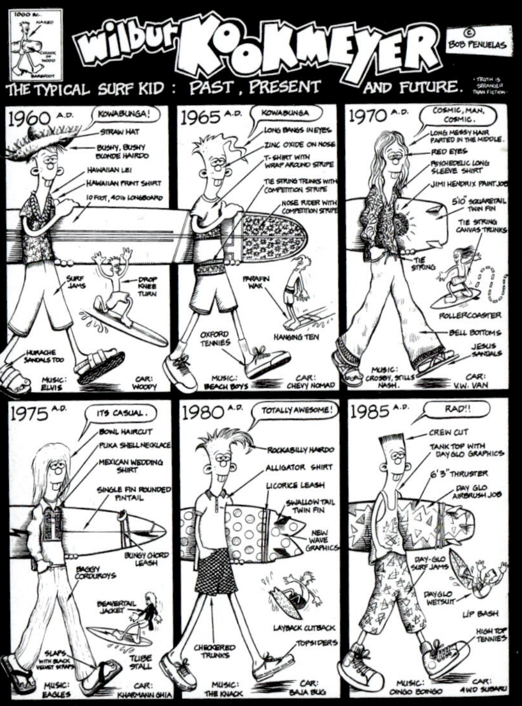

Plus les choses changent, plus elles sont pareilles.

CI-CONTRE À GAUCHE : **les aventures de Wilbur Kookmeyer, l'héritier BD de Murphy. Au milieu des années 80, Danny Kwock, future vedette du Quicksilver** (CI-CONTRE À DROITE) **et les jeunes de Newport émaillent leurs planches de stickers multicolores à la gloire de la Californie.**

CI-DESSUS : **la petite-fille de Whitey Harrison célèbre la mode rétro, tandis que des rallyes remettent à l'honneur les « woodies » de la grande époque.**

feurs sont devenus des gens respectables, on a fait ce qu'il fallait pour ça, et c'est très bien. Mais nous, nous savons que les choses sont différentes. » (*Surfers*, novembre 1989)

Le surf est en quelque sorte passé dans le domaine public et sa culture subit les changements qui s'imposent. Le personnage complexe qu'était devenu Murphy (un innocent petit gremmie transformé en mystique passionné cherchant un sens à sa vie) cède sa place dans les pages de *Surfer* au gentil Wilbur Kookmeyer, le fils de Monsieur Tout-le-Monde. Les magazines, *Surfing* notamment, adaptent leur politique marketing au public cible de la confection (les garçons de 12 à 18 ans) parce que ce sont eux qui ont de l'argent à dépenser. En 1989, *Surfer* lance *Beach Culture*, un magazine à la gloire du surf, des subtilités de son style et de ses réseaux d'influence.

Le marché s'est sensiblement ralenti au début des années 90, pour repartir de plus belle en 94–95. Les petites sociétés lancées par des novices dans les années 70 ont beaucoup grandi. Quicksilver a réalisé 150 millions de dollars en 1995, No Fear et Op dépassent 120 millions de dollars, Gotcha se situe autour de 60 millions et Rusty au-delà de 40. Avec un chiffre d'affaires brut de 50 millions, Bob Hurley, sous licence Billabong USA, affirme que le surf est redevenu cool. Billabong, l'un des fabricants qui commercialisent les combinaisons d'une seule pièce rendues possibles par la souplesse des nouveaux matériaux synthétiques, est l'une des dix ou douze sociétés qui peuvent s'offrir le luxe de gérer une écurie comportant les meilleurs surfeurs de l'ASP ou d'ailleurs.

Les boutiques de surf, elles non plus, ne ressemblent guère à celles qui les ont précédées, et les produits évoluent. Le commerce du surf change avec les décennies. La bonne vieille barre de Parawax qui faisait fort bien l'affaire dans les années 50 prend du galon avec la Waxmate de

Par ici la monnaie !

Les gros sous qui transitent par les marques de vêtements rapportent encore plus aux surfeurs sponsorisés. C'est un rêve que poursuivent la plupart des surfeurs professionnels. Dès 1965, Corky Carroll, qui appartenait à l'équipe Hobie, écrivait déjà « surfeur professionnel » sur sa déclaration de revenus. Pourtant, son revenu le plus élevé ne dépassait pas 40 000 dollars en 1968, date à laquelle il était l'un des grands noms du surf (il jouit toujours d'une certaine notoriété, grâce à Bud Lite dans les années 80 et peut-être à son album *Surfer for President* à la même date). Le champion Joey Cabell a fait fortune mais parce qu'il fonda la chaîne des restaurants Charter House (il tient toujours celui de Ala Moana à Waikiki). Bien que photographié sur Sunset Boulevard par Norman Seeff pour la couverture de *Surfing* en 1979 et malgré sa Porsche argentée, Mark Richards n'a jamais gagné autant d'argent que les surfeurs pro de 1995. Chris Carter, naguère journaliste à *Surfer*, a lui aussi fait sauter la banque, mais parce qu'il a réalisé et produit *X-Files* et un certain nombre d'autres séries télévisées. Dans les années 90, un surfeur qui « roule » pour des vêtements de sport peut se faire aux alentours de 250 000 dollars par marque, montant plutôt raisonnable à en croire Michael Tomson s'adressant à Matt Warshaw : « Ma théorie est que la moitié des frais engagés pour la publicité est de l'argent perdu, mais personne ne sait quelle moitié. » (« Green on Blue », *The Surfer's Journal*, automne 1996)

Les vedettes du surf bénéficient de sa montée en puissance dans les années 70–80. Corky Carroll (EN HAUT), s'improvisant fan de Bud Lite, se découvre une vocation de candidat à la présidence pour rire. Gerry Lopez (EN BAS) est nommé PDG de Lightning Bolt et Mark Richards (CI-CONTRE), en tournée sur la côte Est de l'Australie, prouve sans faire de discours que le surf pro est arrivé.

Mc Elroy

Surf Research en 60, la Sex Wax du Dr Zog en 70 et la Big Pecker Surf Wax en 90, époque à laquelle les gosses collent des AstroDek sur leurs planches pour amortir les chocs au moment des aerials. Le long-john a fait place à des panoplies compliquées, et le grand public est à l'affût de toutes les nouveautés que portent ses idoles. Les combinaisons sont plus légères, plus souples, plus chaudes, et la pratique du sport s'en trouve facilitée. Les lunettes de soleil constituent un univers à part, Oakley en tête. La marée montante du surf a déferlé sur toutes les côtes du monde au milieu des années 90, aussi violemment qu'une tempête dans les mers du Sud.

Les chiffres officiels font apparaître que les États-Unis comptaient presque deux millions de surfeurs en 1997, avec plus de 400 000 planches et 600 000 combinaisons vendues dans l'année. Bruce Brown lui-même est sorti de sa retraite pour réaliser *Chasseurs de vagues* (*L'Été sans fin II*), reflétant l'air du temps à travers deux stars du surf aux conceptions opposées, Pat O'Connell, 20 ans, adepte du shortboard, et Robert « Wingnut » Weaver, 26 ans, ardent défenseur du longboard. Manifestement ébloui, Roger Ebert, critique cinéma du *Chicago Sun Times*, commente : « Le film est merveilleusement photographié. Dès le début,

Suivant l'exemple des véliplanchistes et des skateboarders, quelques courageux surfeurs développent les acrobaties aériennes. L'un des premiers à tenter l'expérience est Christian Fletcher (CI-CONTRE)**, en 1989 à Trestles, devenu Parc National.**

CI-DESSUS : **les championnats de surf attirent les foules, ici à Santa-Cruz.**

ENCADRÉ : **une couverture de *Beach Culture* vers 1990.**

nous sommes assaillis par des images de vagues et de surfeurs. Certains plans nous entraînent dans le tube, si bien que nous voyons la vague s'enrouler littéralement autour du surfeur. Quelle ivresse ! Les prises de vue sont impressionnantes. On ne s'en lasse pas. Le mot-clé du titre, ce n'est pas été, c'est sans fin. » Le cycle des vagues est un éternel recommencement, et voilà bien le secret. Les racines et la culture du surf sont profondément ancrées sur nos plages et la poudre magique que pulvérisent les vagues transforme les victimes d'une société sans âme en êtres humains pleins de vie et de santé, avec une étincelle dans les yeux.

La nature humaine est complexe, tiraillée entre la peur et le désir. Le phénomène du localisme reflète un labyrinthe de pulsions contradictoires, dont il faut tenir compte sur l'eau.

CI-DESSUS : **avertissement aux « étrangers ».**

CI-CONTRE : **la vague aux heures de pointe ! À droite : décontraction, sourire béat, couleurs vives, la panoplie est en place (Christian, Herbie, Nathan et Debbie).**

DOUBLE PAGE SUIVANTE : **les grommets deviennent parfois des stars ; qui aurait pu prévoir en 1987 (année de la photo) que l'un de ces gosses serait le surfeur pro le plus connu de tous les temps ? De gauche à droite : Mattie Liu, Sean Slater, Walt Cerney, Shane Dorlan et Kelly Slater.**

OAKLEY
BILLABONG

MATT KECHELE
SURFBOARDS

Sous l'œil des requins

On dit souvent que les vagues se mesurent à l'intensité de la peur qu'elles inspirent. Le risque encouru lorsque l'on surfe de grosses vagues est évidemment une composante de la culture surf. En général, plus un surfeur est adroit, plus les vagues dangereuses l'attirent, ce qui le conduit parfois à surévaluer ses capacités physiques. Aussi compétent et habile qu'il soit, quand une vague mesure dix mètres, la moindre erreur peut devenir fatale.

La mort par noyade est une éventualité que le surfeur garde à l'esprit en permanence. Il est loin du bord, il perd sa planche, aucun secours à l'horizon, il a froid, il est épuisé. Évidemment, même lorsque les vagues ne présentent aucun danger, par une belle après-midi d'été, il reste toujours le risque de se trouver nez à nez avec le seigneur des mers…

Bien qu'il n'y ait eu depuis 1970 que 30 surfeurs attaqués par des requins, l'événement reste assez fréquent pour enflammer l'imagination.

Plus près de toi, mon Dieu... Le surf est un sport de l'extrême. À l'extrême bord des vagues, à l'extrême pointe des récifs, à l'extrémité du monde, avec, en arrière-plan, la perspective de rencontrer le seigneur des abîmes.

PHOTO : la revanche de Pipeline.

CI-DESSUS : détail d'une fresque, de Frog House à Newport.

AL MERRICK

LE SURF AUJOURD'HUI

« Toute une génération aux tempes grisonnantes est prête à regarder en arrière et à parer sa jeunesse des couleurs de la nostalgie. Avec tous ces objets de collection, on peut décidément dire que le surf n'a rien d'un gadget du genre hula hoop. C'est un marché, une industrie, un sport. Il a les honneurs de la télévision. Il véhicule un climat qui varie au gré des années. Il brasse des millions de dollars. On lui consacre des livres, des magazines, bref, il a une histoire. » **(Interview de Steve Pezman, directeur de publication de *The Surfer's Journal*, 1997)**

Le surf est une métaphore de la vie. Il est à l'image de notre existence : la vie est une vague et la seule planche dont nous disposons est notre comportement. Chaque événement nous frappe de plein fouet, comme une vague. À nous d'agir, pour anticiper cet événement, ou pour le subir. Chacun peut vivre cet événement comme il l'entend et, comme pour le surf, en adoptant le style qui lui convient le mieux. Il peut réagir avec agressivité, ou avec une sérénité zen. Il peut chercher à repousser ses limites, ou jouir de l'instant avec sensualité. La vague est un miroir en mouvement. Surfer, en quelque sorte, c'est tenter de passer de l'autre côté du miroir.

Parler aujourd'hui de « surfer sur le web » n'est pas innocent. Il est devenu évident que tout le monde, sur toute la surface du globe, est un surfeur en puissance.

À l'aube du troisième millénaire, les images du surf sont partout. Un spot publicitaire met en scène trois messieurs BCBG qui surfent une vague d'asphalte dans Wall Street. Au début des années 90, une photo parue dans *Esquire* montrait des jeunes cadres dynamiques en combinaison de surf sous un titre qui disait : « Bienvenue, hommes de craie, dans ce que l'Amérique a de meilleur… » ; ce surnom d'hommes de craie désigne tous les Continentaux à peau blanche qui ne s'intéressent pas au surf. Kelly Slater, quatre fois champion du monde et vedette d'*Alerte à Malibu*, pose sur la couverture d'*Interview* coiffé d'un Stetson blanc, tandis que la série pulvérise tous les records d'audience. La critique ne tarit pas d'éloges pour des livres tels que *Caught Inside : A Surfer's Year on the California Coast*, de Daniel Duane, *The Dogs of Winter* de Kem Nunn, ou *The Island Within* de Richard Nelson.

La mer et la terre ferme ont décidément peu de choses en commun.

CI-CONTRE : **Slater s'abandonne aux embrassades de ses fans.**

CI-DESSUS : **le silence des dauphins ; Mark Cunningham pratique avec brio le bodysurf.**

Les surfeurs s'équipent d'un matériel sophistiqué pour vaincre les vagues. Ici, l'équipe motorisée de Maui, dont Laird Hamilton, Gerry Lopez et un certain nombre de véliplanchistes avides de vaincre les grosses vagues de Jaws, le plus célèbre spot de surf tracté ; remarquez les courroies sur les planches.

CI-CONTRE : Slater sur la couverture d'*Interview.*

PAYER DE SA PERSONNE

La différence entre surfeurs virtuels et surfeurs véritables est évidente. Les cybernautes naviguent dans leur tête, alors que les vrais surfeurs... en prennent plein la figure. Facile : vous passez la barre, une grosse vague survient. Vous avez mal partout. Vous êtes à plus de 500 mètres de la plage, au pied d'une vague haute d'au moins 12 mètres et le vent qui vous frappe de plein fouet est si fort que vos joues en tremblent, que vous vous sentez aspiré par une spirale infernale et que vous n'allez nulle part, sinon par-dessus cette éno-o-o-o-rme cascade.

Vous vous sentez léger et vos pieds ont depuis longtemps quitté la planche. Vous tombez, dispersé par la lance d'incendie du Tout-Puissant ; vous vous sentez roulé par la lame, jusqu'au moment où vous surnagez pour aspirer une bouffée d'oxygène mêlée d'eau salée, avec dans les oreilles le grondement... d'un moteur ! Vous voyez déjà le monstre suivant se dresser devant vous, écumant de rage. Vous avez le temps d'apercevoir, dans le coin de l'œil, votre partenaire sur son WaveRunner. Vous attrapez le bout qu'il vous tend et vous vous laissez traîner comme un phoque mort, par-dessus l'épaule de la plus grosse vague que vous ayez jamais vue. Pas plus compliqué que ça. Vous voilà un héros du surf.

Surfer sur le Web

Une enquête récente, effectuée sur Internet grâce au moteur de recherche Yahoo, a permis d'identifier 25 catégories et 1 163 sites contenant le mot « surf », au propre ou au figuré.

Notons par exemple le « post-punk power trio Nada Surf » ; Club Ed : The Surf Coaching Professionals, établi à Santa Cruz (« Tous les élèves du club Ed apprendront à se tenir debout sur les bonnes vagues ») ; Surf Gate (« une page qui permet aux églises et aux établissements gérés par des chrétiens d'être présents sur Internet ») ; Surf Flite (liste des fabricants de sky-surfing boards et de wakeboards, et des moniteurs préparant à ces disciplines) ; Surf Sites for Cyberbiologists (une sélection des sites destinés aux débutants en cyberbiologie, pour leur permettre de surfer utilement dans leur spécialité) ; Yahoo Surf Shop (T-shirts et autres produits) ; Frank Sussman Co. (« la ligne de vêtements qui monte, une mode surf pour tous ceux qui veulent allier le confort et la liberté de mouvement ») ; Surf Shool, spécial Yahoo (« Comment surfer », « Le gourou du surf », « le jargon du surf » et « histoires de surf », aucune de ces rubriques n'ayant le moindre rapport avec la mer) ; un Big Surf Cyber Café (occupe l'espace réel et le cyberespace, pour vos loisirs et vos achats) ; Ready, Aim, Surf (contacts professionnels

pour bibliothécaires) ; Surf Report (études statistiques destinées aux professionnels du marketing) ; Cyber Surf Wear (des vêtements pour toute la famille) ; Surf Cincinnati Waterpark (plus de 10 toboggans et attractions, golf miniature, karting, bateaux tamponneurs...) ; Shrank (tout à volonté : surf, glisse, musique et sexe ; les strip-teaseuses et les surfeurs les plus chauds...) ; M.I.R.V. (orchestre industriel de surf opéra de San Francisco sur disques Poison Eye) ; Blues Crazy Moon and the Sun Worshippers (le son surf-a-billy pour le plaisir de l'oreille) ; The Smooths (le seul groupe qui sache faire la fusion entre les sons ska, surf punk et disco) ; Surfing the Self (deux psychologues répondent à vos questions) ; ou un browser appelé Surf Touch Software...

J'en passe, et des meilleurs. Bien sûr, plusieurs centaines de sites ont un rapport direct avec le fait de surfer sur la mer. Mais c'est vraiment curieux, vous ne trouvez pas ? Nous vivons l'une des plus étonnantes mutations technolologiques de l'histoire, et le langage utilisé pour en parler est celui d'un surf, un art vieux comme le monde ! Alors, un deux, trois... Surfez !

Le chant des sirènes d'Hawaii a toujours réservé une bonne place au surf de gros. Mais l'envie de surfer des vagues de plus en plus hautes, combinée à la publicité faite à ce sport, a considérablement accru la fréquentation des mers et le danger. Même Todos Santos, un spot mexicain mal connu jusqu'au début des années 80, est désormais surpeuplé en certaines occasions. Dans des eaux plus froides, en Californie du Nord, Jeff Clark a longtemps surfé seul les pentes géantes de Pillar Point, jusqu'à ce que quelques amis viennent le rejoindre, et que le grand public s'aperçoive qu'il y avait là de plus grosses vagues qu'à Waimea. Les grands noms du surf se sont précipités pour se rendre compte par eux-mêmes. C'est ainsi que Mark Foo (qui avait pourtant affronté avec succès les plus grosses vagues de North Shore et était sorti vainqueur d'une confrontation historique avec un mur liquide de 14 mètres dans la baie) tomba de sa planche à Mavericks, le 23 décembre 1994, sur une vague d'à peine 6 mètres. Il fut retrouvé noyé deux heures plus tard, prisonnier de son attache. Des dizaines de vagues, plus hautes ce jour-là, le lendemain même du jour où Foo était arrivé d'Hawaii, avaient été

La fascination tient aussi aux risques encourus.

CI-DESSUS : **la dernière vague de Mark Foo à Mavericks.**

CI-DESSOUS : **Donnie Solomon a rendez-vous avec la mort à Waimea Bay en 1995.**

CI-CONTRE : **quelques années plus tôt, Alex Cook (Ace Cool) échappe de justesse à l'océan.**

vaincues par des surfeurs moins expérimentés, mais son heure était venue, conclurent ses amis. Au moins, il était mort en scène.

Avec l'augmentation des risques, on assiste à une étrange floraison de statistiques, du genre : si 1 000 surfeurs prennent 100 000 vagues de plus de 6 mètres, il y a une chance sur deux pour que 0,2 % d'entre eux trouvent la mort. Si les vagues dépassent 8 mètres, le risque passe à 0,8 %...

Que Donnie Solomon, malgré son expérience des grosses vagues, se soit tué à Waimea, un an jour pour jour après la mort de Foo (le 23 décembre 1995), c'était déjà bizarre. Mais Todd Chesser, 28 ans et habitué de North Shore, se noie à Outside Alligators (près de Waimea), plaqué sur le fond par une énorme vague, donnait tragiquement raison aux statistiques.

« Ces derniers temps, Chesser trouvait de plus en plus difficile de résister à la concurrence écrit Ben Marcus, chroniqueur de *Surfer* dans son article consacré à l'accident. Il était navré de voir ses chers récifs se couvrir de surfeurs et de graines de stars. L'an dernier, Chesser avait évoqué devant moi une chose inimaginable : quitter les îles pour de bon. Il était fiancé avec une Californienne, et il envisageait sérieusement de vivre une vie d'adulte « normale » sur le continent... Quelques jours après le cauchemar, Cody Graham (qui se trouvait près de Chesser et avait tenté de lui venir en aide) décidait d'abandonner. J'en ai assez. Je laisse tomber. Ce jour-là, j'ai posé ma planche sur la plage et je suis parti. Todd Chesser était solide comme un roc. C'était un des sportifs les plus doués de North Shore. Je ne sais pas pourquoi il y est passé et pas moi. Il s'en est fallu d'un cheveu que j'y reste aussi. Je laisse tomber. »

« Je pense que les accidents surviennent parce qu'on s'engage dans des vagues auxquelles l'homme n'est pas en mesure de résister, estime John Severson. Je pense que beaucoup de gens vont aller au devant de la mort, parce que, je le sais par expérience, on se croit capable de tout. Quelle aventure exaltante ! Voir cet énorme mur au-dessus de sa tête, assez

Les énormes vagues qui frappent les récifs n'ont pas grand-chose à voir avec les terrains de jeu de Malibu.

CI-DESSOUS : **Derrick Doerner se prépare à affronter le monstre à Waimea Bay.**

CI-CONTRE : **à Jaws, Dave Kalama, aux commandes de son Sea-Doo, vient de mettre Laird Hamilton en piste.**

PAGE SUIVANTE : **Laird Hamilton en pleine action.**

haut pour cacher le ciel, et y aller quand même ! Après ça, on n'a plus droit à l'erreur. Sinon on risque de le payer de sa vie. Mais la vie d'un individu ne vaut plus très cher. Il y en a d'autres derrière. »

Le déclin de l'esprit *aloha* parmi ceux qui pratiquent le surf est le signe d'un malaise certain. Mais il existe dans le monde quelques cercles privilégiés de surfeurs, pour qui la relation avec la vague et les rapports humains restent aussi festifs et chaleureux que pour les pionniers dont le capitaine Cook, ou plus tard Jack London, admiraient les ébats nautiques.

Une contre-culture s'exprime entre autres choses par des mots. Un gremmie, à l'origine un gremlin, est un esprit malfaisant ou un garnement maladroit qui n'a apparemment rien de commun avec un surfeur. Mais le terme a pris une coloration presque affectueuse. Repris par les Australiens, il s'est mué en « grommet ». Le langage du surf est en constante évolution, ce en fonction de trois facteurs : l'émergence d'un nouveau territoire, une différenciation tribale et l'influence extérieure (étant entendu que les parois sont imperméables et laissent passer les influences dans les deux sens).

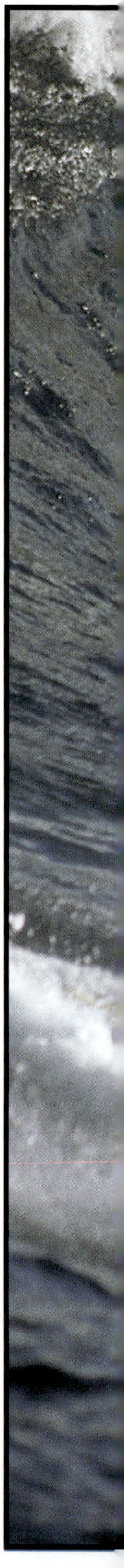

LE LANGAGE DU SURF

Les surfeurs parlent de : « ramps, ollies, shack time, schralping, barneys »... Ils utilisent un vocabulaire général ou particulier, qui nous semble plus ou moins familier selon notre fréquentation de cette contre-culture. Cette langue imagée repose sur l'expérience personnelle que l'on peut avoir de ce sport, les petits gestes et les grandes figures, la façon de s'habiller, les types de planches. Elle inclut les noms d'un panthéon de photographes, de Blake à Divine en passant par Brown, Maki, Grannis, Stoner, Brewer ou Wilkins, sans oublier les milliers d'anonymes, doigt sur le déclic et regard attentif, qui participent de la légende du surf au quotidien. Elle récupère à son profit les récits et les petites phrases des grands témoins : Cook, Twain et London, mais aussi Matt Warshaw, Phil Jarratt, David Parmenter, Nat Young, Dora, Stecyk et autres historiens du sublime et du ridicule.

Dans les années 70, âge d'or du surf, la relation entre l'homme et la vague inspire pratiquement tous les arts.

CI-DESSUS : **une œuvre de John Casper à la gloire des shapers.**

À DROITE : **Discovery, de John Severson, fondateur du magazine *Surfer*.**

CI-CONTRE : **Trestles, de Ken Auster, dont les aquarelles décorent plusieurs restaurants de la chaîne Chart House.**

Dans la langue du surf, les lieux mythiques ont leur place : Waikiki, Malibu, G-Land, J-Bay, Gilgo Beach ou Johanna. Les planches ont leurs noms : *olo* et *alaia*, cigare, Hot Curl et Malibu Chip, pop-out, elephant-gun et noserider, twin-fin et thruster, shortboard et longboard.

Le surf continue d'inspirer un nombre incalculable d'artistes, dont le talent est en synergie avec le phénomène lui-même. La liste est longue : de John Severson (dont les premières caricatures parues dans *Surfer* ont abouti à d'éclatants paysages psychédéliques) aux étonnantes toiles de Jessica Dunne, en passant par Rick Griffin (que ses dessins délirants ont propulsé au-delà des frontières du surf), Bill Ogden (dont le graphisme original associé aux thèmes des années 60 a réveillé les publicités de *Surfer*), Caroline Zimmerman et ses paysages tourmentés, Rich Rietvel et ses créations surréalistes.

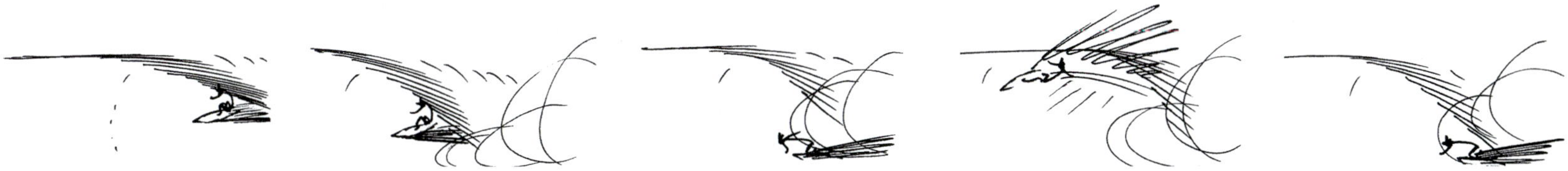

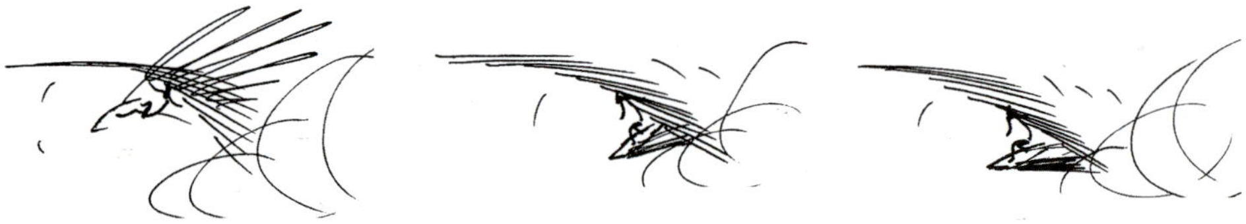

Trois artistes expriment l'ivresse du surf.

CI-DESSUS : ***Surf City, Here We Come*, du peintre californien Lynn Coleman, conjugue humour, surf et soleil dans une orgie de couleurs.**

PAGE PRÉCÉDENTE ET CI-DESSOUS : **le dessinateur Russell Crotty analyse par une série de croquis saisissants la manière de prendre un tube.**

CI-CONTRE : ***Stoked*, de Steve Valiere, une extase commune à tous les surfeurs, celle des premières vagues, serties dans un écrin de feuillage.**

Ken Auster et ses interprétations picturales de photos surprennent. L'expérience du surf stimule l'imagination et enrichit sans cesse le répertoire créatif. L'œuvre de ces artistes permet de mieux comprendre pourquoi certains surfeurs, dans les années 70, affirmaient que glisser sur les vagues était un art plus qu'un sport.

Ensuite, viennent les noms célèbres, qui font partie de la légende du surf : Duke, Freeth, Blake, Whitey Harrison, Hoppy Swarts, Grannis, Simmons, Quigg, Velzy, Dora, Yater, Doyle, Dewey, Lance, Corky, Butch, Wally, George (et George parce que dans l'histoire du surf il y en a au moins deux), Peck, Morey, Midget, Nat, Cooper, Jacobs, Curren (le père et ses deux fils), Archy, Joyce, Joey (deux garçons et une fille), Fain.

Le surf connaît aujourd'hui un niveau de technicité qui n'aurait pas déplu au Duke, même s'il ne pouvait l'imaginer. Plusieurs magazines se consacrent au surf.

CI-DESSUS : **le *Surfer's Journal* et *Wahine*. Les surfeurs changent volontiers d'horizon.**

À DROITE : **G-Land, sur l'île de Java.**

Citons enfin les grands du surf connus sous leur surnom : Kong, Buffalo, Rabbit, Buggs, Margo, Shaun, Owl, McTavish, RB, BK, PT, MR, Kelly et Lisa, sans compter tant d'autres, comme une litanie de formules magiques gravées au fond des mers.

Alors que le lexique du surf s'enrichit quotidiennement de l'histoire et du folklore tels que l'écrivent les livres et les magazines, la culture surf reste essentiellement orale. Elle se transme sur les plages et le line-up ; elle rode autour des feux de camp, dans les bars ou les restaurants où l'on se détend après l'effort ; elle flotte, impalpable, sur la crête des vagues.

PARTOUT, LE SURF...

Il existe des « surfcamps : retraites spartiates mais néanmoins confortables à un jet de pierre des plus grosses vagues du globe. On trouve une abondance de nouvelles planches (notamment celles que fabriquent Patagonia à Ventura et Randall French à Santa Cruz), rendues plus solides et plus sûres par les derniers développements de la technologie. Des ventes aux enchères sont organisées, à l'occasion desquelles les planches des pionniers (les longboards

des années 50 et 60) atteignent couramment 2 000 à 3 000 dollars, où un Hot Curl de la grande époque est même monté à 50 000 dollars.

Dale Velzy, shaper à l'ancienne dûment reconverti, fabrique 15 planches par semaine, du pain de mousse aux finitions, par exemple des reproductions, pour le marché japonais et les collectionneurs privés.

Greg Noll, qui a vendu 50 planches pour 50 dollars chacune lorsqu'il est parti s'installer à Crescent City, affirme qu'il pourrait maintenant en tirer au moins 2 000 dollars pièce. Actuellement mareyeur, il a fabriqué sur commande quelques reproductions de *olo.*

L'expérience a commencé en 1969, avec le Big Surf de Tempe, en Arizona. Aujourd'hui, le « surf artificiel » est présent partout dans le monde, accueillant même des championnats professionnels (CI-DESSUS **à Allentown, en Pennsylvanie).**

L'ivresse du surf

Surfer procure une satisfaction indicible. Les surfeurs sont en prise directe avec une réalité totalement différente, et si dépendante de la sensibilité de chacun que l'expérience est difficilement communicable par des mots. Quel plus grand plaisir que de chevaucher l'écho des vents et des tempêtes ? Le surfeur évolue au centre d'une tornade en trois dimensions, il se laisse glisser dans un tube parfait. Il est dans l'œil du cyclone. Et il est heureux.

Comme l'écrit Nat Young : « Lorsqu'on surfe quotidiennement ou régulièrement, avec suffisamment de sérieux, on court le risque de devenir totalement accro. Qu'on le veuille ou non, on ne pense plus à rien d'autre qu'aux copains sur la plage et aux valeurs que nous inculque l'océan. »

Dans l'œil du cyclone et pas une mèche de travers ; l'ex champion du monde Derek Ho traverse le tunnel de Pipeline.

CI-DESSUS : **Buttons Kaluhiokalani fait le signe de la paix.**

Le surf tracté

Le « strapsurfing » (surf tracté) constitue l'un des plus récents développements de ce sport. Il y eut les noserides de 10 secondes de David Nuuhiwa dans les années 60 ; les tubes de 5 secondes de Shaun Tomson et Rabbit, de Davey Miller et Lopez dans les années 70 ; les vagues de 7 ou 8 mètres affrontées à Waimea, Makaha ou Pipeline par Greg Noll, George Downing, Pat Curren, Reno Abelirra, Owl Chapman, Mark Richards, Keone Downing, Ken Bradshaw, Brock Little, Derrick Doerner et beaucoup d'autres depuis 40 ans. Mais il semblait que l'homme ne pourrait jamais s'attaquer à des vagues plus grosses. Il fallait compter avec la vitesse de déferlement, la vitesse limite du rameur, le vent, les remous et les lois de la gravité. Pourtant si, à l'aide d'un engin motorisé de type jet-ski, vous tractez le surfeur au sommet de cette vague invincible, il est en mesure de prendre la vague plus tôt, au moment où elle se lève. Grâce à cette technique, dite JATO (Jet-assisted take-off), tout est possible, sous réserve que le surfeur ne fasse pas d'erreur, en prenant la vague trop loin, trop tard, ou en affrontant une vague impossible. Cela à condition bien sûr que ses pieds soient solidement arrimés à l'aide de courroies, comme pour la planche à voile.

D'ailleurs, ce sont des véliplanchistes qui ont créé le strapsurfing. Laird Hamilton et Buzzy Kerbox, en compagnie de Derrick Doerner, célèbre surfeur de gros, ont utilisé un Zodiac pour se tracter l'un l'autre sur les énormes vagues de North Shore, que seuls des véliplanchistes surdoués, comme Robby Naish, avaient réussi à affronter. Être tracté sur une vague, c'est un peu comme y être propulsé par la force du vent, sauf que, dans le premier cas, on ne s'empêtre pas dans une voile au moment du déferlement ! À Maui, quelques audacieux comme Mike Waltze, David Kalama, Rush Randle, Josh et Mark Angulo ou Peter Cabrinha manœuvraient leur planche à voile sur un spot de gros appelé Jaws. Hamilton et Kerbox prirent conscience de leurs activités alors que Bruce Brown prospectait dans la région, en quête d'une séquence pour *Chasseurs de vagues*. Et ce fut la rencontre historique entre véliplanchistes, surfeurs, récifs et caméra. Jaws devint le Waimea du millénaire et la conquête de vagues de 12 mètres, jusque-là insurfables, devint presque banale, même si cet exploit fait toujours dresser les cheveux sur la tête.

« La première était en cèdre rouge. Elle avait les mêmes dimensions qu'un olo ancien, découvert dans un caveau funéraire à Kauai. Quand on pense que les Hawaïens avaient dû monter dans les collines, abattre l'arbre avec une hache de pierre, sabler la planche pour la polir et la porter jusqu'à l'eau... et tout ça sans roues ! »

Aujourd'hui, on trouve des magazines de surf en France, en Espagne, au Canada, au Japon, en Irlande, en Afrique du Sud, au Brésil et sûrement ailleurs. Des numéros verts et des sites Internet sont en mesure de vous indiquer, minute par minute, les conditions météorologiques du spot qui vous intéresse. C'en est fini de l'imprévu... mais aussi, peut-être, d'une bonne part de mystère et d'aventure. Surfline surveille les spots de toute la côte, aux États-Unis comme à Hawaii. Plusieurs sites sont équipés de caméras vidéo, qui transmettent des photos des vagues. Des liaisons satellites font découvrir en direct l'état de l'océan dans le monde entier,

y compris des images virtuelles, en temps réel, de quelques spots fameux, comme Biarritz ou Narrabeen-Collaroy en Australie. La surfmusic fait un retour en force, même si la plupart des groupes, à l'exception des Butt-Hole Surfers, n'ont jamais fréquenté l'océan.

Le snowboard, le skateboard, la planche à voile, le kite-surfing, le surf tracté, le WKBD et les autres formes de glisse, de même que la culture qui entoure ces activités, sont issus du sport favori des rois hawaïens. Un peu partout dans le monde, on trouve des surfeurs, amateurs ou professionnels, occupés à participer à des compétitions. Certains, en revanche, n'ont pas pour objectif de prendre la première place. Au contraire, ils recherchent la solitude et acceptent le manque de confort correspondant : les eaux glacées de l'Oregon, l'âpre isolement des côtes de Namibie, les vagues gigantesques des atolls hawaïens.

Chaque génération va un peu plus loin dans les performances. Véliplanchiste confirmé, Laird Hamilton est l'un des premiers à avoir expérimenté le surf tracté. Il effectue ici un aerial 360, une figure que son père, Bill, n'aurait jamais osé imaginer.

DOUBLE PAGE SUIVANTE :
à Hawaii, les planches à voile ont tracé la route des récifs ; les surfeurs ont suivi. Ici le grand Robby Naish à Jaws.

Il peut paraître étonnant que Nat Young, qui a sonné le glas du noseriding et contribué à la révolution du shortboard, soit à l'origine du Championnat du monde professionnel de longboard de l'ASP. C'est pourtant la vérité. Ce qui prouve que, pour être un bon surfeur, il faut savoir tout faire et adapter son matériel en conséquence.

Des millions d'enfants, ici et là, chevauchent leur Boogie Board, assimilant la sagesse ancestrale de la mer, éblouis par la splendeur des vagues et jouant dans la plus merveilleuse cour de récréation qui soit.

En Afrique du Sud, depuis la fin de l'apartheid, les surfeurs retrouvent le chemin de Jeffrey's Bay, l'un des plus merveilleux spots de droites du monde. Un peu partout, des musées célèbrent l'histoire du surf, des galeries d'art et des expositions lui sont consacrées, des restaurants exploitent le thème, et des rallyes rassemblent « woodies » et autres « surf-mobiles » de collection. Des artisans d'art (comme Pat Curren et Malcolm Wilson) fabriquent des reproductions miniatures des anciennes planches et des dioramas des hauts lieux du surf. Un Watermen's Ball rassemble les surfeurs, ainsi qu'une manifestation annuelle, Surf Legends, organisée sur une plage mythique, différente chaque année.

Le thruster a l'avenir devant lui, ce qui n'empêche pas le longboard de faire un retour en force. « Aujourd'hui, 65 ans plus tard, beaucoup de surfeurs redécouvrent leur patrimoine, comme l'a fait le Duke, déclare le soul-surfer David Parmenter. Dans le monde entier, la tendance est de revenir au longboard. On peut bien crier et gémir, frapper le sol de son front, peindre le mot haine sur les murs, inonder les journaux de missives incendiaires pour insulter ces grands benêts flottant sur leur bout de bois mal dégrossi, ça ne changera pas le fait que le longboard et le surf moderne ne font qu'un, ou plus exactement le surf postmoderne.

En 1997, Wally Froiseth, toujours aussi accro malgré ses soixante-dix ans passés, admet que la séduction du surf réside dans la communion avec la nature et, bien sûr, dans le défi qui consiste *à se mettre debout.* « Mes parents me disaient toujours : – Ne te lève pas, c'est trop dangereux. Et comme ils avaient raison ! » Wally est pour beaucoup dans la réalisation du Hawaiiloa, un bateau de voyage polynésien de 62 pieds, construit à partir de troncs d'arbre offerts par les tribus de Tlingit, Haida et Tsimpshia, au sud de l'Alaska. Les arbres, vieux de plus de 400 ans, étaient hauts de 60 mètres sur 2 mètres de diamètre. « On les a débarrassés de leurs feuilles et étêtés, taillés et assemblés pour en faire une embarcation. Ils ont fait voile sur Tahiti, les Marquises, puis on les a expédiés à Seattle, nous y sommes allés pour leur montrer le résultat, et ils étaient très contents. Ils nous ont reçus comme des rois. » Froiseth a eu l'honneur de commander le Hawaiiloa pour la dernière partie de son voyage, entre Ketchiklan et Juneau, en 1995. Froiseth et George Downing ont soigneusement mis de côté toutes les planches qu'ils ont fabriquées et surfées.

STOKE

Le surf reste un jeu (facile ou dangereux) et surtout une source de plaisir. C'est ce qu'évoque le mot « stoked », entre ivresse et passion. Le mot sport est un peu faible, le mot art trop ambitieux. L'art martial aiderait à situer cette activité particulière dans le double contexte de la tradition et de l'épanouissement personnel. Le surf a un rapport avec le aïkido, dans la

La nostalgie du surf fait rage en cette fin de millénaire. Les Surf Legends, en mémoire du bon vieux temps, rassemblent les vieilles gloires venues partager les mêmes vagues et les mêmes souvenirs. Un charisme à couper au couteau !

CI-DESSUS : **Tom et Pat Curren, symboles des changements intervenus sur deux générations.**

Dans les petites vagues, le surf ne fait pas peur. Les enfants peuvent s'amuser à ce jeu pendant des heures.

CI-DESSUS : **Timothy James, 6 ans, à Velzyland.**

CI-CONTRE : **Victor Lopez se prépare à s'engager dans un tube à Pipeline.**

EN BAS À DROITE : **un 3-fin vu du dessous, North Shore, hiver 92–93.**

mesure où le surfeur utilise à son profit la force de l'adversaire (la vague). Mais le surfeur est une créature plus complexe, c'est un athlète naturel qui vit sa passion en marge des limites ordinaires de la société et de la civilisation, dépendant de cette jouissance infinie qu'il retire de la fréquentation de l'océan.

La plage est un no-man's land et une frontière, un désert et une terre inculte. Ce n'est pas seulement la rencontre de la terre et de l'eau, mais l'endroit où la loi et l'ordre se rencontrent dans un chaos divin. La culture surf est anarchique mais suit son propre code. « Pour vivre en dehors de la loi, vous devez être honnête », chantait Bob Dylan. Le Californien Dale Webster s'est promis de surfer pendant 28 années lunaires (12 x 28 jours), à raison de 3 sorties par jour, soit près de 10 000 jours d'affilée ! Inspiré par le souvenir de son ami disparu Rick Griffin, il n'en démord pas. Dans le même temps, il a lancé avec un autre ami le Projet 7 : destiné à restaurer dans son intégrité la ligne de partage des eaux en Russie, donc la pureté des vagues qu'il surfe. Les responsables politiques de Sacramento les traitent de

fous, mais ils ne renoncent pas. Voilà de quoi sont capables des surfeurs, surtout lorsque la mer est en jeu.

Même si l'image publique du surfeur est celle d'un beau gosse sans cervelle, il y a un certain nombre de surfeurs remarquables, par exemple Midget Farrelly. En 1968, à la question « Pourquoi surfez-vous ? » il répondit : « Un vrai surfeur ne doit pas se laisser prendre au piège de la célébrité. Un vrai surfeur ne doit pas se sentir coupé des siens. Il ne doit pas courir derrière les dollars, ni gagner toutes les compétitions. Si c'est le cas, il ne fait pas autre chose, de façon assez pitoyable, qu'attirer l'attention sur lui. Un vrai surfeur doit être pur et dur, réfléchi, précis. Il doit être un mélange d'athlète spartiate, de technicien et d'astronaute futuriste des vagues. Pas un héros de papier, un millionnaire ou une vedette au succès éphémère. C'est ce qu'il doit garder à l'esprit s'il veut réussir sa vie. »

Pipeline est l'archétype de la vague idéale, si parfaite qu'elle défie le sens commun. Comment un événement aussi impalpable, aussi éphémère qu'une vague peut-il se reproduire à l'identique pendant un si grand nombre d'années ? Comment un tel chef-d'œuvre de la nature peut-il se répéter à l'infini ?

C'est aussi, en d'autres termes, ce que déclarait Timothy Leary (*Surfer*, janvier 1978) : « Il me semble parfaitement logique que le surf s'accorde si bien avec l'idéal esthétique de la libération du moi. C'est le modèle du futur. »

La griserie du surf est l'un de ces puissants états de conscience qui conduisent à la connaissance sans qu'il soit nécessaire de recourir à la parole. Tel est le centre invisible autour duquel gravite la culture surf.

INSTINCT Miami

Surfing is magic –
riding echoes of cosmic energy, transmitted through vast tracks of ocean, at the wild fringes of continents.

Remerciements

Merci à Steve Pezman, qui a tout fait pour graisser les rouages de notre univers de surfeurs, et nous permettre de communiquer, communiquer et communiquer encore.

À Craig Stecyk, qui a bien voulu me faire partager son savoir dans plusieurs domaines et stimuler mon inspiration.

À Art Brewer, qui s'est occupé de battre la campagne et de secouer la moindre branche pour rassembler les plus belles photographies des vagues et du surf.

À Lori Rick, qui a pris en charge un manuscrit de 100 000 mots, m'a dit d'en supprimer la moitié et a bien voulu m'assister dans ce travail de synthèse.

Ma gratitude est également acquise à : Robert Avellan, John Ball, Bruce Brown, James Cassimus, Jeff Divine, George Downing, Pierce Flynn, Wally Froiseth, Leroy Grannis, Glenn Hening, Kit Horn, Archie Kalepa, Don Kremers, Gary Lynch, Charlie Lyon, Greg MacGillivray, Alain Mazer, Greg Noll, Craig Peterson, Joe Quigg, John Severson, Allan Seymour, Dale Velzy, Matt Warshaw, Jeff Werve, Jeremy Xavier, Reynolds Yater, Nat Young.

Merci enfin à Susan, ma femme et ma meilleure amie, à mon fils Alex, le meilleur des fils possibles, à ma fille Alena, la meilleure des filles possibles parmi celles qui aiment les chevaux.

BIBLIOGRAPHIE

Alpers, Antony. *Legends of the South Seas.* New York: T.Y. Crowell, 1970.

Babitz, Eve. "Surf's Up: The Artist Outlaw Who Turns Rainbow Fades into Lucky $135 Stars." *Rolling Stone,* 20.juin1974.

Bascom, Willard. *Waves and Beaches: The Dynamics of the Ocean Surface.* Garden City, NY: Doubleday Anchor, 1964.

Beaglehole, John C., ed. *The Voyage of the Resolution and Discovery, Journal of Captain James Cook,* Cambridge, MA: University Press, 1967.

Bingham, Hiram. *A Residence of Twenty-one Years in the Sandwich Islands.* New York: Converse, 1847.

Bird, Isabella L. *The Hawaiian Archipelago: Six Months Amongst the Palm Groves, Coral Reefs, and Volcanos of the Sandwich Islands.* London: John Murray, 1876.

Blair, John. *The Illustrated Discography of Surf Music, 1959–1965.* Riverside, California: J. Bee Productions, 1978.

Blake, Tom. *Hawaiian Surfboard,* Paradise of the Pacific Press: Honolulu, 1935. Carroll, Nick, ed. The Next Wave. New York: Abbeville Press, 1991.

Crawford, Carin. *Waves of Transformation* Internet essay, juin 1993.

Daws, Gavan. *Shoal of Time: A History of the Hawaiian Islands.* New York: Macmillan, 1968.

Duane, Daniel. *Caught Inside: A Surfer's Year on the California Coast.* New York: North Point Press, 1996.

Edwards, Phil, avec Bob Ottum. *You Should Have Been Here an Hour Ago.* New York: Harper & Row, 1967.

Farrelly, Midget, avec Craig McGregor. *The Surfing Life.* New York: Arco, 1967.

Finney, Ben, & James D, Houston. *Surfing: A History of the Ancient Hawaiian Sport.* San Francisco: Pomegranate Artbooks, 1996.

Gross, M. Grant. *Oceanography: A View of the Earth.* Englewood Cliffs, NJ: Prentice-Hall, 1972.

Henning, Glenn and Maureen. *Groundswell Society Annual Publication. First Edition.* Oxnard Shores, California: 1997.

Jarratt, Phil. *Mr Sunset: The Jeff Hakman Story.* Londres : Gen X Publishing, 1997. Los Angeles: General Publishing Group, 1997.

Jarves, James J. *History of the Hawaiian or Sandwich Islands.* Londres : Edward Moxon, 1843.

Kampion, Drew. *The Book of Waves.* Santa Barbara: Arpel/Surfer, 1989.

Kelly, Jr., John. *Surf and Sea.* New York: A.S. Barnes, 1965.

Kinsman, Blair. *Wind Waves: Their Generation and Propagation on the Ocean Surface.* Englewood Cliffs: Prentice-Hall, NJ, 1965.

Klein, H. Arthur. *Surfing.* Philadelphia & New York : Lippincott, 1965.

Knox, David. *Mark Richards: A Surfing Legend.* Australie : Angus & Robertson, 1992.

London, Jack. *Cruise of the Snark.* New York: MacMillan, 1911.

Lueras, Leonard. *Surfing: The Ultimate Pleasure.* New York: Workman Publishing, 1984.

Margan, Frank, and Ben Finney. *A Pictorial History of Surfing.* Sydney, Australie: Paul Hamlyn, 1970.

Michener, James A. *Hawaii.* New York: Random House, 1959.

Nadeau, Remi. *California: The New Society.* New York: David McKay Co., 1963.

Noll, Greg et Andrea Gabbard. *Da Bull: Life over the Edge.* Bozeman, Montana: Bangtail Press, 1989.

Pearson, Kent. *Surfing Subcultures of Australia and New Zealand.* St. Lucia, Qld.: Univ. of Queensland Press, 1979.

Pukui, Mary Kawena, and Samuel H. Elbert. *Hawaiian Dictionary.* Honolulu: University Press of Hawaii, 1971.

Severson, John. *Modern Surfing around the World.* New York: Doubleday, 1964.

–, ed. *Great Surfing.* New York: Doubleday, 1967

Steele, H. Thomas. *The Hawaiian Shirt.* New York: Abbeville Press, 1984.

Stern, David H., and William S. Cleary. *Surfing Guide to Southern California.* Malibu: The Fitzpatrick Co., 1963.

Thrum, Thomas G. *Hawaiian Folk Tales.* Chicago: A.C. McClurg, 1921.

– *More Hawaiian Folk Tales.* Chicago: A.C. McClurg, 1923.

Toffler, Alvin. *Future Shock.* New York: Random House, 1970.

Twain, Mark. *Mark Twain's Letters from Hawaii.* New York: Appleton-Century, 1966.

– *Mark Twain's West.* Chicago: R.R. Donnelley, 1983.

– *Roughing It.* Hartford, Connecticut: American Publishing Co., 1872

Van Dyke, Fred. *30 Years of Riding the World's Biggest Waves.* Santa Cruz: Ocean Sports International, 1988.

Warshaw, Matt. *Surfriders.* Del Mar, California: Tehabi Books, 1997.

Wolfe, Tom. *The Pump House Gang.* New York: Farrar, Straus & Giroux, 1968.

Young, Nat. *The History of Surfing* (édition revue). Angourie (NSW, Australie): Palm Beach Press, 1983 et 1994.

– *Surfing Fundamentals.* Los Angeles: The Body Press, 1985.

Note Les définitions citées dans cet ouvrage sont issues du Random House Dictionary of the English Language (Random House, New York, 1967). Je reçus cet épais ouvrage de John Severson en 1969, pour mon anniversaire, lorsque j'étais rédacteur de *Surfer.*

Note Les interviews non citées ont été menées par l'auteur.

CRÉDITS PHOTOGRAPHIQUES

Page
1: UFOs/Mike Moir
2–3: Herbie Fletcher at Maalaea/Art Brewer
4–5: Surfers at Sunset/Steve Sakamoto
6–7: Serious energy at Mavericks/Bob Barbour
8–9: Pipeline/Rick Doyle
10–11: Surf now!/Brian Sprout
13: Troy Teck/Newport Beach/Mike Moir
14–15: Makaha crew, c. 1950/Joe Quigg
17: *North Shore Combo Plate* (1988) John Severson
21: Bruce Brown/Courtesy Bruce Brown Films
22: Sunset Beach swells/Drew Kampion
23: Drew Kampion, Puerto Rico/LeRoy Grannis
24: Pipeline/Art Brewer
25: Drew Kampion, 1969/John Severson
26–27: Burleigh Head, Australia/Lee Pegus
27: Kevin Naughton/Fiji Craig Peterson
28: Petroglyph/Drew Kampion Collection
29: Surfer at Waikiki, 1890s/Courtesy Bishop Museum
30: Maids on a Wave/Wallace Mackay, from *Summer Cruising in the South Seas*, 1874/Courtesy Bishop Museum
31: Kraimoku Homestead by Villroy, 1825/Courtesy Bishop Museum
32: Cook at Kealakekua Bay/Courtesy Bishop Museum
33: "Homage to Capt. Cook"/C.R. Stecyk III
34–35: Waikiki, c. 1910 Alonzo Gartley/Courtesy Bishop Museum
34: Jack & Charmian London, 1915/Courtesy Bishop Museum
34: "Trip to Hawaii" cover/DeSoto Brown Collection
34: "Honolulu" cover/DeSoto Brown Collection
36–37: Waikiki & Outrigger Club, 1908/Courtesy Bishop Museum
36: Three Hawai'ian Princes/Courtesy Bishop Museum
37: George Freeth at Redondo, 1907/Courtesy Dr. John Ball
38: 1914 Mid-Pacific Surf Carnival poster/Courtesy Bishop Museum
38: Waikiki beach boys, c. 1925/Courtesy Bishop Museum
38: Surfboarders at Waikiki, c. 1915/Courtesy Bishop Museum
39: Catching a wave near Diamond Head, 1925 *Honolulu Advertiser*/Courtesy Bishop Museum
40: Duke Kahanamoku at Freshwater, Australia/Courtesy Bishop Museum
40: Duke's board en route to Freshwater/Courtesy Bishop Museum
40: (background) Duke and spectators at Freshwater/Courtesy Bishop Museum
41: Waikiki surf antics/DeSoto Brown Collection
41: scene from *Two Dukes in The Wake of the Red Witch*/Courtesy Surfer magazine
42–43: « Jeux Haviens »/Courtesy Bishop Museum
43: Tom Morey in Bali/Jim Russi
44: Tom Blake with board collection, 1930/Courtesy Bishop Museum
44: Tom Blake hollow board logo, 1940/Hawaiian Historical Society
45: Tom Blake & Duke Kahanamoku, c. 1935/Courtesy *Surfer* magazine
46–47: Paddlers at San Onofre surf contest, 1940/Dr. John Ball
48: San Onofre, 1939/Doc Ball, Courtesy Jack Reinhold
49: California '30s boards/Courtesy Sam Ryan Collection
49: Paddleboard vs. plank at Paddleboard Cove/Dr. Don James, Craig Stecyk Collection
49: Hermosa Beach and PV guys at Curries, 1946/LeRoy Grannis
50–51: Surfing at Paddleboard Cove, 1935/Dr. John Ball
52: San Onofre jam session, 1947/Joe Quigg
53: Malibu 1950/Joe Quigg
54: Hot Curl board/Craig Stecyk Collection
54: Blackie Makaena at Canoes, 1950/Bud Browne
54: Makaha Hot Curl crew, c. 1950/Wally Froiseth Collection
55: Norma Jean Baker, Pete Peterson & Tom Zahn/Courtesy *Surfer* magazine
55: Malibu grouping, summer of '51/Joe Quigg
56: Simmons' car & board/Joe Quigg/Courtesy Reynolds Yater
56: Joe Quigg, Matt Kivlin & Tom Zahn, c. 1949/Joe Quigg
56–57: (background) Bob Simmons holds forth on hydrodynamics/Joe Quigg/Courtesy Reynolds Yater
57: Dave Syre & Peter Cole at Malibu, 1949/Joe Quigg
57: Shaping balsa in Velzy's garage, 1950/Dale Velzy, Craig Stecyk Collection
58–59: Tom Zahn at Malibu, 1952/Joe Quigg
60: Makaha shack interior, c. 1950/Courtesy Walter Hoffman
60: Makaha shack, c. 1950/Courtesy Walter Hoffman
60: Makaha crew, c. 1950/Courtesy Walter Hoffman
61: The Calhouns at Makaha, 1962/LeRoy Grannis
61: Walter Hoffman & surf car, c. 1950/Courtesy Walter Hoffman
62–63: Waimea Bay, November 7, 1957 Dr. Don James/Courtesy Walter Hoffman
63: First day Waimea crew/Courtesy Mickey Muñoz
64: Bud Browne at Makaha, 1962/LeRoy Grannis
64: Poster for *Cat on a Hot Foam Board*/Courtesy Bud Browne
65: Dr. Don James at Makaha, 1962/LeRoy Grannis
65: Dr. James Ball, Paddleboard Cove, c. 1938/Tom Blake
66: Santa Cruz Surfing Club, 1940/LeRoy Grannis
66–67: Australian Surf Cars, c. 1958/Courtesy *Surfer* magazine
67: US Team to Surf Carnival, 1956/Greg Noll Collection
68: Greg Noll Surf Shop, Hermosa Beach, 1964/LeRoy Grannis
68: Jacobs Surf Shop, Hermosa Beach, 1964/LeRoy Grannis
68: Velzy Surfboards logo/Tom Servais
69: Hobie Alter & Phil Edwards, c. 1964/Courtesy *Surfer* magazine
69: Hobie surfboards logo/Courtesy *Surfer* magazine
69: (background) Foam blanks at Clark Foam/Jeff Divine
70–71: Wave at Ha'apiti, Moorea/Art Brewer
71: Rincon Point, 1947/Joe Quigg
72: Texas Beach, c. 1964/Ron Stoner
73: Greg Noll factory party, 1965/LeRoy Grannis
74: Gidget at Malibu, mid-'50s/Kathy Kohner Collection
75: *Muscle Beach* Party poster/American International Pictures
75: Kathy Kohner & Sandra Dee on set of *Gidget*/Kathy Kohner Collection
75: Gidget book cover/Kathy Kohner Collection
76: *Surfin' Safari* album/Capitol Records
76: Bondi stompers, c. 1965/Ron Perrott
77: Dick Dale with His Del-Tones, 1963/Courtesy Michael Ochs Archives
77: *Surfers' Choice* album, 1961/Collection of Don Kremers
78: Fender guitar ad, John Martin, 1965/Bob Perine, Courtesy Fender Musical Collections from the Stephen K. Peeples Archives
79: Ralph's Beach Boys/Craig Stecyk Collection
79: Jan & Dean/Courtesy Michael Ochs Archives
80–81: Malibu Surfrider Beach, summer '62/LeRoy Grannis
82: Surf Nazi/William Cleary
83: Lance Carson at Malibu, 1962/LeRoy Grannis
84: Mickey Dora at Malibu, c. 1960/Kathy Kohner Collection
84: Mickey Dora surfing in France, 1972/Hal Jepsen Films, Courtesy Surfer magazine
84–85: (background) Mickey Dora in top hat, 1969/Craig Stecyk
85: Mickey Dora & Malibu victim (sequence)/Brad Barrett/Surfer magazine
86–87: Mickey Dora at Malibu, '65/Ron Stoner/Surfer magazine
88: Postering for *Free and Easy*/MacGillivray-Freeman Films
88: John Severson in 1959/Louise Severson
89: *Going My Wave* poster/John Severson
89: *Barefoot Adventure* poster/Bruce Brown Films
89: *Outside the Third Dimension* poster/MacGillivray-Freeman Films
89: (background) The Bay Theater, 1975/Greg MacGillivray
90–91: John Severson at Trestles, Oct. '65/Ron Stoner/*Surfer* magazine
91: Corky Carroll & Sherri Haley in Keds ad/Courtesy *Surfer* magazine
91: Calhoun skaters in Laguna, '67/LeRoy Grannis
92: The first Surfer/Courtesy Surfer Publications
93: *International Surfing*, Sept. 1967/Courtesy *Surfing* magazine/Western Empire Publications
93: Australian Tracks/Courtesy *Surfer* magazine
93: Surfer reader in Africa, 1972/Craig Peterson
94–95: Phil Edwards, Banzai Pipeline, 1963/Dr. Don James
96: Formal O'Neill wetsuits, Africa, c. 1975/Dan Merkle/Courtesy O'Neill, Inc.
97: Larry Bertlemann Katin ad/Art Brewer
97: 7Up ad, c. 1960/Allan Seymour Collection
97: Hang-Ten ad, 1964/Courtesy *Surfer* magazine
98: Greg Noll at Pipeline, c. 1965/John Severson

99: Jock Sutherland at Pipeline, c. 1965/Leroy Grannis
99: Gary Propper & Claude Codgen/Richard Graham
100–101: "The Beast" at Velzyland, c. 1962/ Leo Hetzel
101: David Nuuhiwa, '72 World Contest/Drew Kampion
102: Joey Cabell vs. el toro, Peru '65/Leo Hetzel
103: Tom Morey Invitational poster/Steve Wilkings Collection
103: Pat & Tom Curren, early '60s/Leo Hetzel
104: David Nuuhiwa on the nose, Malibu '67/Steve Wilkings
105: Corky Carroll at Poche, July '65/Ron Stoner/ Surfer magazine
106: Bob McTavish, Long Reef, '67/John Witzig
106: Midget Farrelly, Long Reef, '61/Ron Perrott
107: Nat Young with trophy, San Diego '66/Ron Stoner/*Surfer* magazine
107: Nat Young, Honolua Bay '67/John Witzig
108: Bob McTavish/Richard Graham
108: George Greenough/John Witzig
109: *Endless Summer* poster/Bruce Brown Films
109: *Endless Summer* crew in Africa/Bruce Brown Films
109: (background) Bruce with camera/Bruce Brown Films
110: Duke Kahanamoku, San Diego '66/Ron *Stoner*/Surfer magazine
110: Nat Young, Australia, 1967/Alby Falzon
111: Dick Brewer, 1968/David Darling
112: George Greenough at Lennox Head, '67/John Witzig
112: Bill Barnfield/Jeff Divine
113: Dewey Weber/Richard Graham
113: *Five Summer* Stories Poster/MacGillivray-Freeman Films
113: Dewey Weber Surfboard Logo/Jim Russi
114: Corky Carroll Jantzen Ad/Courtesy Jantzen Sportswear
115: Rick Griffin at the Ranch, 1969/Drew Kampion
115: Murphy Surfer, 1962/Rick Griffin/Surfer magazine
116: Bunker Spreckels, Backdoor Pipeline '69/Peter French
116: Bunker Spreckels with red board, 1969/ Art Brewer
117: Dale Velzy, Jack's Surfboards ad, 1969/ Don Kremers/Courtesy *Surfer* magazine
117: Challenger Surfboards ad, 1969/ Don Kremers/Courtesy *Surfer* magazine
118: Nat Young at Haleiwa, Dec. '68/Ron Stoner
119: Owl Chapman at Maalaea, 1976/Steve Wilkings
119: Barry Kanaiaupuni at Honolua Bay, 1972/Art Brewer
120: Marine confiscation at Trestles, '69/Ron Stoner
120: Johanna roadsign, 1970/Drew Kampion
120: (background) West African wreck/Craig Peterson
121: Johanna pasture parking, 1970/Drew Kampion
121: Rolf Aurness at Malibu AAAA contest, 1969/ Brad Barrett/*Surfer* magazine
122–123: Honolua Bay/Jim Cassimus
123: Surfers & Dolphin/Rick Doyle
124: Flyaway cutout with leash/Steve Wilkings
125: Surfing Again! tee shirt/Mike Moir
126: Lunada Bay trail/Jim Russi
126: Morocco, January '75/Craig Peterson
127: Mike Stewart, North Shore, '92/Rick Doyle
128: Gary Elkerton at G-Land/Jeff Divine
128: Steve Pezman with Dr. Timothy Leary/Art Brewer
129: Morocco, '84/Darrell Jones
129: Rick Griffin drives MotorSkill/Art Brewer
129: Rolling in Mexico, 1976/Tim Bernardy
130–131: Glen Campbell in New Zealand/Mike Moir
132: North Shore line-up, c. 1975/Nat Young Collection
133: Rick Rasmussen, Long Island, 1977/Drew Kampion
133: Jeff Hakman at Off The Wall, North Shore, 1971/Steve Wilkings
134–135: Gerry Lopez at Pipeline (sequence), 1975/Steve Wilkings
134–135: Gerry Lopez at Pipeline/Jeff Divine
136: Eddie Aikau at Waimea Bay, 1978/ Steve Wilkings
136: Hawai'i's Aikau family/Steve Wilkings
137: Eddie Aikau Memorial, Waimea Bay, 1978/ Steve Wilkings
138–139: Oceanside contest from the pier/Mike Moir
140: Huntington Beach Riot, 1986/Aaron Chang
141: Scene from *Big Wednesday* Warner Bros./ Courtesy *Surfer* magazine
141: *Big Wednesday* poster/John Severson
141: Scene from *Apocalypse Now*/Zoetrope Studios/Courtesy *Surfer* magazine
141: *Free Ride* poster/Bill Delany Films
142: Newport Wedge colors, '88/Mike Moir
142: Haleiwa Surf Shop/Rick Doyle
143: Simon Anderson with Thruster/Peter Crawford
143: Richard Schmidt, North Shore quiver/James Cassimus
144: Bronzed Aussies/Collection of Drew Kampion
144: Caution Sign/Jeff Divine
145: No Surfing Contests/Jeff Divine
145: Lord Blears & Mark Richards/James Cassimus
146–147: Sonny Garcia at US Open/Jeff Divine
147: Tom Carroll celebrates/Jim Russi
147: English surf signage 1976/Jeff Divine
148–149: Gerry Lopez at Pipeline/James Cassimus
149: Matt Patterson, Huntington Beach/Mike Moir
150: Tom Carroll, '91 Pipeline Masters/Art Brewer
151: Tom Curren, Off the Wall, 1987/Jim Russi
152: Malia Jones, 1996/Jeff Divine
153: Margo Godfrey at Hammonds Reef, 1967/Ron Stoner/*Surfer* magazine
153: Margo Godfrey Oberg, Kauai, 1977/Jeff Divine
154: Lisa Andersen triptych/Art Brewer
154–155: Lisa Andersen surfing/Art Brewer
156: Kelly Slater with Bob McKnight/Jim Russi
156: Kelly Slater at Waimea Bay/Jim Russi
157: Eddie Vedder & Pierce Flynn/Courtesy Surfrider Foundation
157: MOM album/Courtesy Surfrider Foundation
157: Baja surf camp, c. 1987/Art Brewer
158–159: Surfrider protest paddle in France/ Art Brewer
161: Newport Wedge colors, 1987/Mike Moir
161: Einstein imagination/Rick Rietveld
161: Mickey Muñoz sandals/Art Brewer
162: Wilbur Kookmeyer, July '89/Bob Penuelas/*Surfer* magazine
162: Newport kids, c. 1987/Mike Moir
163: Coco Harrison/Art Brewer
163: Classic woody/Ron Stoner/*Surfer* magazine
164: Corky Carroll: A Surfer for President/Art Brewer
164: Gerry Lopez: Chairman of the Board/Art Brewer
164–165: Mark Richards at Pipeline, c. late '70s/Rick Doyle
166: Christian Fletcher at Trestles, '89/Jeff Divine
167: Santa Cruz contest crowd/Drew Kampion
167: *Beach Culture* magazine/Surfer Publications
168: Locals Only/Jeff Divine
168: The Fletcher family/Art Brewer
169: Crowded lineup/Rick Doyle
170–171: Five young grommets/Jim Russi
172–173: Bailing at the Pipeline/Brian Bielmann
173: Frog House shark art/Mike Moir
174: Kelly Slater & fans/Jim Russi
175: Mark Cunningham underwater/Art Brewer
176: Strap surfers on Maui/Erik Aeder
177: Web Surfer/College Shopping Network
177: Kelly Slater cover, May 1996/Courtesy *Interview magazine*
178–179: Mark Foo at Mavericks (sequence)/Robert Brown
178: Donnie Solomon at Waimea/Bernie Baker
179: Alec Cooke rescue/Darrell Jones
180: Derek Doerner at Waimea/Jim Russi
181: Laird Hamilton & David Kalama at Jaws/Erik Aeder
182–183: Laird Hamilton at Jaws, 1995/Erik Aeder
184: John Caster shaping/Mike Moir
184: *Discovery* (1978)/John Severson
186: *Surf City Here We Come* (1979)/Lynn Coleman
185–186: Sequence Surfing Sketch (1997)/Russell Crotty
187: *Stoked!* (1997)/Steve Valiere
185: *Trestles* (1993)/Ken Auster
188: The Surfer's Journal, vol. 3, no. 2
188: *Wahini* magazine, vol. 3, no. 2
188: G-Land accommodations/Jeff Divine
189: Wavepool, Allentown, Pennsylvania/Rick Doyle
190–191: Derek Ho at Pipeline, 1989/Jim Russi
191: Buttons Kaluhiokalani, c. 1975/Jeff Divine
192–193: Laird Hamilton corkscrew (sequence)/Art Brewer
192–193: (background) Tow-in/Erik Aeder
194–195: Robby Naish at Jaws, Maui, 1996/Erik Aeder
196: Nat Young, 1993/Jim Russi
197: Surf Legends at Makaha, 1993/Bernie Baker
197: San Onofre Classic poster/Allan Seymour Collection
197: Tom & Pat Curren, 1995/Mike Moir
198: *TJ at Velzyland*/Rob Gilley
199: Victor Lopez at Pipeline/Art Brewer
199: Underwater Thruster/Rick Doyle
200: Victor Lopez at Pipeline (sequence)/Art Brewer
202–203: Rock Dancers at Steamer Lane, 1989/Rick Doyle
204–205: Inside Sunset/Art Brewer
206–207: Waimea dress circle/Rob Gilley
208–209: Evening on the North Shore/Peter French

INDEX

T

V

W

Y

Z